U0918594

国家社科基金西部项目研究成果（项目批准号：12XGJ003）

中国与东盟国家财政政策协调研究

赵仁平　著

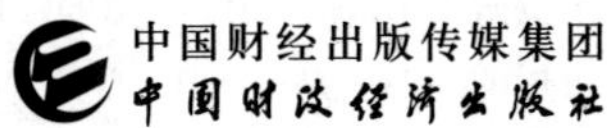

图书在版编目（CIP）数据

中国与东盟国家财政政策协调研究/赵仁平著. --北京：中国财政经济出版社，2021.7

ISBN 978－7－5223－0615－5

Ⅰ.①中… Ⅱ.①赵… Ⅲ.①财政政策－研究－中国、东南亚国家联盟 Ⅳ.①F812.0 ②F813.303.2

中国版本图书馆 CIP 数据核字（2021）第 125784 号

责任编辑：马 真　　责任校对：张 凡

封面设计：陈宇琰　　责任印制：刘春年

中国与东盟国家财政政策协调研究

ZHONGGUO YU DONGMENG GUOJIA CAIZHENG ZHENGCE XIETIAO YANJIU

中国财政经济出版社 出版

URL：http：//www. cfeph. cn

E－mail：cfeph@ cfeph. cn

社址：北京市海淀区阜成路甲 28 号　邮政编码：100142

营销中心电话：010－88191522

天猫网店：中国财政经济出版社旗舰店

网址：https：//zgczjjcbs. tmall. com

北京财经印刷厂印刷　各地新华书店经销

成品尺寸：170mm×240mm　16 开　14.25 印张　200 000 字

2021 年 7 月第 1 版　2021 年 7 月北京第 1 次印刷

定价：68.00 元

ISBN 978－7－5223－0615－5

（图书出现印装问题，本社负责调换，电话：010－88190548）

本社质量投诉电话：010－88190744

打击盗版举报热线：010－88191661　QQ：2242791300

前言

当代世界经济的发展，突出地表现为各国和地区之间的相互依赖与国际分工日益加深、生产要素的国际流动与组合配置更加频繁、国际经济政治治理体系与国际秩序变革加速推进、国际经济持续走向全面协调的一体化发展过程和趋势。随着近年来全球金融危机和欧洲主权债务危机的爆发，国际宏观经济政策协调的理论和实践不断走向深入，财政政策国际协调日益成为理论和实证研究的重要课题和焦点。同时，中国与东盟国家自由贸易区的全面建成和升级谈判的达成，双方的经济合作不断走向深入，各国财政政策的相互冲突和溢出效应日趋明显，并逐渐成为制约中国与东盟国家经贸关系的重要因素。因此，适应国际经济合作和宏观经济政策协调发展的趋势，以中国与东盟国家全面经济合作为载体，以财政政策国际协调为核心，探索国际经济合作和财政政策协调的新空间新领域，建立健全财政政策协调新机制，具有重要的理论和现实意义。

文献综述表明，国内外关于财政政策国际协调的研究大多是在国际经济政策协调的框架下沿着从早期大量的货币政策协调向近年来财政政策协调的路径展开的。从研究对象和研究范围来看，经历了从国家财政政策内部协调到财政政策与货币政策协调和国际财政政策协调，基本上都是以欧盟、美国等主要经济体或区域经济组织为对象，并以国际税收政策协调为成果最多研究最为深入的领域。从研究方法来看，财政政策国际协调主要是从国际经济学和博弈论的角度展开的，也有从国际政治学、新制度经济学等角度进行的研究；多数对财政政策的研究还局限在传统财政学的认识框架内，很少从国际财政的角度来展开对财政政策协调的分析。因此，从国家财政与国际财政相结合的角度，推进国际经济学、国际政治学等学科的有机融合，全面系统地探讨中国与东盟国家财政政策协调的进展、问题、效应和实现机制，既是实现财政政策国际协调在理论体系、研究内容和分析方法上创新和发展的关键，又是推动中国与东盟国家建立区域全面经济伙伴关系形成我国对外开放新格局的现实需要。

财政政策国际协调，是指以各个国家、区域或国际经济组织为主体，以有效处理和调整各主体间财政利益和财政关系、实现各国经济的稳定增长和生产要素的合理配置、维持国际经济政治关系的和谐发展为根本目标，以国际财政视角下的政府经济活动及其财政政策为主要载体和内容，就财政政策在有关国家、区域或国际组织之间展开磋商、协作、调整、配合的过程或状态。它是国际财政最重要的存在形式，是消除政策溢出效应的根本途径，是国际经济合作的重要内容和路径，也是国际经济相互依存的反映和要求。借助于国际财政和国际经济学的理论和分析方法，全书初步构建了一个财政政策国际协调的理论体系和分析框架，即以国际税收、国际债务、国际投资和国际援助政策协调为主要内容和研究范围，阐述财政政策国际协调的目标、形式和运行机制。

运用财政政策国际协调的理论分析框架，本书以中国与东盟国家的经济合作为载体，以梳理中国与东盟国家财政政策协调的进展及存在的问题为起点，以近年来欧盟、北美自由贸易区、东盟等区域组织和各国政府应对金融危机和主权债务危机的财政政策协调实践为比较分析对象和案例，以开展中国与东盟国家财政政策协调的经济效应分析为核心，以探索中国与东盟国家财政政策协调的对策和实现机制为归宿，全面阐述了中国与东盟国家财政政策协调的现实基础和发展趋势。中国与东盟国家的财政政策协调，虽然在中国与东盟国家签署的自贸区协议和双边税收协定、投资协定中对关税政策协调、国际投资政策协调等做出了较为明确的制度安排并取得了一定的成效，而且实证分析也支持财政政策协调具有明显的经济效应，但是，无论是从中国与东盟国家自身，还是对比欧盟、北美自由贸易区、东盟等区域组织和各国政府应对金融危机的财政政策协调举措，都可以看到中国与东盟国家的财政政策协调还存在着协调内容不全面、协调程度不深入、协调形式单一、协调机制不健全等方面的问题。

促进中国与东盟国家财政政策协调，基本的思路就是要明确协调的原则和目标，找准协调的内容和模式，探索和创新协调的机制。中国与东盟国家财政政策协调，必须在策略上坚持协商一致与灵活务实相结合、在内容上把握全面协调与渐进发展的统筹、在形式上坚持可持续发展与包容性增长兼顾的原则。中国与东盟国家财政政策协调，短期目标是：在未来5—10年内，以实现中国与东盟自贸区升级谈判协议提出的双边贸易额达到1万亿美元、建设更为紧密的中国—东盟命运共同体为目标，以建立健全财政政策协调信息沟通交流为基础，以降低和减少中国与东盟国家的财政政策间差异与冲突为直接目的，以国际税收政策协调和国际投资政策协调为主要内容，以在中国—东盟组织框架下设立财政政策协调小组和积极开展财政政策协调的理论和实证研究为支撑，初步奠定中国与东盟国家财政政策全面协调的框架；长期目标是：在未来10—20年内，以推动和实现区域全面经济伙伴关系为目标，以加强中国与东盟国家财政政策深入合作和共同协调为目的，以进一步完善国际税收政策、国际投资政策协调和加快建立国际债务、国际援助政策协调等为主要内容，不断拓展财政政策协调的领域和方式，全面推动中国与东盟国家财政政策协调新机制的健全和发展。

促进中国与东盟国家财政政策协调，离不开机制的创新和探索。第一，各国应从财政政策协调是一种区域性国际公共产品的高度去认识和理解协调的意义；第二，各国政府和区域组织机构不但应该在信息传递、规划决策、组织执行和争端调定等各个环节上有所作为，而且应该大有作为，不断推进运行机制体系的健全；第三，高度重视和加强理论研究，特别是深入开展中国与东盟国家在财政政策不同领域协调效应的实证研究，为中国与东盟国家财政政策协调提供理论指导和决策参考；第四，以组织机构建设加快推进财政政策协调的进程，短期内，设立专门的财政政策协调小组或财政政策协调联委会或专家组，长远来看，建议在未来有可能设立的常设固定组织机构中，设立专门的财政政策委员会；第五，中国与东盟国家财政政策协调，应多形式并重，多层次并举，关注和强调协调的内容和实效；第六，积极开展财政政策协调的试点探索，不断强化协调的信誉保障，推进财政政策协调在正式制度规范和非正式规范约束上的统一。

总体来看，本书的学术价值和应用价值主要体现在：（1）适应国际宏观经济政策协调发展的历史趋势，聚焦财政政策协调这个中心，以深化中国与东盟国家全面经济合作为载体，以国际税收、国际债务、国际投资和国际援助政策协调为分析框架，全面深入地阐述了中国与东盟国家财政政策协调的问题、效应及实现机制，拓展了财政政策研究领域和国际经济合作的空间，丰富和发展了财政政策协调的理论和实证研究。（2）适应中国与东盟国家全面经济合作升级发展的需要，在全面比较分析应对世界金融危机、欧洲主权债务危机的财政政策协调措施和对中国与东盟国家财政政策协调的经济效应进行实证的基础上，提出了促进中国与东盟国家财政政策协调的目标、内容、模式及实现机制，将财政政策协调视为影响区域经济合作的重要内生变量，对推进中国与东盟国家全面经济合作、建设中国—东盟命运共同体和构建我国对外开放新格局具有重要指导意义和决策参考价值。（3）适应云南建设面向南亚东南亚辐射中心、打造对外开放新高地的需要，为云南等地区拓展与南亚东南亚对外经济合作空间、开展在财政政策各个领域协调先行先试的探索提供理论指导和政策参考。此外，本书对参与对外经济合作的企业和个人深入了解和掌握财政政策协调的现状和动向也具有一定的参考价值。

本书初步构建了财政政策国际协调的理论体系和分析框架并将之运用于中国与东盟国家财政政策协调的实践，但由于财政政策的复杂多变和国际协调的困难，很难把所有财政政策及其国际协调全部纳入分析框架进行研究。同时，本书虽然关注财政政策协调效应这个核心并对中国与东盟国家财政政策协调的经济效应从成本收益分析和计量实证分析两个层次上进行了研究，但囿于相关数据的不完整和作者知识结构的局限，因此对财政政策协调效应的微观分析还不够深入、具体，这都有待在未来的研究中进一步深化和拓展。

目录

导论　/1

第一节　选题背景和研究意义　/3

第二节　国内外文献综述　/9

第三节　主要内容和框架　/18

第一章　财政政策国际协调的理论分析　/23

第一节　财政政策国际协调的含义及内容　/25

第二节　财政政策国际协调的重要性　/37

第三节　财政政策国际协调的目标与形式　/43

第四节　财政政策国际协调的机制原理　/48

第二章　中国与东盟国家财政政策协调现状　/57

第一节　中国与东盟国家经济交流与合作　/59

第二节　国际税收政策协调　/70

第三节　国际债务政策协调　/92

第四节　国际投资政策协调　/96

第五节　国际援助政策协调　/107

第三章　财政政策国际协调的实践与借鉴　/117

第一节　东盟及东南亚金融危机中的财政政策协调　/119

第二节　欧盟及希腊主权债务危机中的财政政策协调　/130

第三节　北美自由贸易区及墨西哥金融危机中的财政政策协调　/144

第四节　2008 年全球金融危机中的财政政策协调　/153

第四章　中国与东盟国家财政政策协调的经济效应　/165

第一节　中国与东盟国家财政政策协调的成本　/167

第二节　中国与东盟国家财政政策协调的收益　/174

第三节　中国与东盟国家财政政策协调效应的实证　/180

第五章　促进中国与东盟国家财政政策协调的对策　/187

第一节　中国与东盟国家财政政策协调的原则及目标　/189

第二节　中国与东盟国家财政政策协调的内容及模式　/193

第三节　加快构建中国与东盟国家财政政策协调新机制　/201

参考文献　/207

后记　/219

导　论

第一节　选题背景和研究意义

一、问题的提出

1. 国际经济合作离不开各国政府的主导与参与

在经济全球化和区域经济一体化的发展趋势和历史潮流中，世界多极化、社会信息化和文化多样化深入发展，全球经济政治治理体系和国际秩序变革加速推进，商品、服务、资本、劳动力、技术、信息等生产要素在全球或区域间市场流动，国际经济合作正在以其全方位、多层次、经常性和持久性的综合特征加深了各国生产和经济生活的国际化，有力地推动和影响着世界各国经济的繁荣和发展。

当前，国际经济合作主要表现为以各国和地区间经济相互依赖相互作用为背景，以国际分工的深化为前提，以生产要素的国际流动和组合配置为核心，以各国政府、区域或国际经济组织为主体，以国际经济全面协调为基础的全球经济一体化发展过程和趋势。就经济一体化的解释而言，国外学者中最有代表性的是：巴拉萨将之定义为既是一个过程，又是一种状态，它意味着各国经济单位之间形成差别待遇的种种举措的消除和各国间各种形式差别待遇的消失①；丁伯根从生产要素流动性与政府机构之间的关系的角度将之分为“消极一体化”和“积极一体化”，包括取消各种歧视和管制，建立新的政策和制度②。国内学者指出，经济一体化是“两个或两个以上的经济体，为了使其利益最大化，

---

① Bela Balassa. The Theory of Economic Integration, London: Allen & Unwin, 1962: 1.

② Jan Tinbergen. International Economic Integration, Amsterdam: Elsevier, 1965.

达到最佳配置生产要素之目的，以政府的名义通过谈判协商实现成员之间互利互惠及经济整合的制度性安排”①；是“在一个区域范围内，两个或两个以上国家为了共同的目标，不同程度地消除人为障碍，使商品和生产要素能跨国界自由流动，有关国家在平等互利的基础上，协调经济政策，甚至制定共同的经济政策与制度”②；是“地理上邻近的两个或两个以上的国家（或地区）政府通过签订条约或协议，甚至让渡部分主权，制定统一对内对外经济政策、财政与金融政策等，消除国家之间阻碍经济贸易发展的障碍，实现区域内互利互惠、协调发展和资源配置优化，最终形成一个政治经济高度协调统一的有机体的过程”③。总体来看，尽管国际经济合作和区域经济一体化的表现形式各异，层次和内容各不相同，但它们都离不开国家或政府这个主体的核心地位及作用，离不开各国宏观经济政策包括财政政策协调的作用和机制的发挥。

2. 财政政策国际协调是国际经济合作的重要内容

国际经济合作的本质，是市场机制和市场资源配置在全球或区域范围内的扩展和深化，是商品和各种生产要素在全球或区域间流动的冲突和矛盾不断显现的过程，也是各国经济相互依赖相互渗透日益加深、影响商品和生产要素的经济政策不断协调的历程。纵观国际经济合作的进程，除了商品和生产要素、国际分工、跨国经济组织等组成要素之外，它往往表现为一种政府行为，是自始至终由各国政府倡导、组织、实施的程序化和制度化的过程，是各国宏观经济政策包括财政政策在国际经济合作领域的重要表现内容和形式，也是各国政府参与国际经济合作不断进行宏观经济政策协调博弈的结果，这就从根本上提出了各国对财政政策进行协调合作的必要性及重要性。

同时，伴随着国际经济合作的深入和发展，经济资源趋向专业集

---

① 樊莹．国际区域经济一体化的经济效应［M］．北京：中国经济出版社，2005：17.

② 曹宏苓．国际区域经济一体化［M］．上海：上海外语教育出版社，2006：3.

③ 陈漓高，郑昭阳，齐俊妍，等．全球化条件下的区域经济一体化［M］．北京：中国财政经济出版社，2006：51.

中、行业集中和跨国聚敛，经济全球化及一体化给主权国家财政政策的制定和实施带来了巨大的挑战，政府的财政政策目标和手段也面临巨大的挑战。换句话说，财政政策的国际协调也就成了推进国际经济发展、减少经济摩擦和政治冲突、实现和平稳定的重要因素。

总体来看，尽管国际经济合作的表现形式各异，发展水平参差不齐，但都离不开参与国际经济合作的重要主体——政府——及其经济活动和财政政策，它不仅是国际经济合作的客观要求和必然，还将深刻影响着国际经济合作的进程。从倡议、参与、组织和实施国际经济合作的各国政府的角度而言，财政政策不仅是政府经济活动和经济行为内容的具体反映和基本规范，还是国际经济合作与协调的基本规则和制度安排①。同时，国际经济合作中的财政政策，又在一定程度和范围上超出了国家财政政策视野而进入了国际财政政策的分析框架。但在现代主权国家居于主导地位的背景下，事实上并不存在一个完全超越国家的全球权力机构或世界政府，财政政策更多地以各国财政政策协调的形式而存在，国际经济合作中国家经济利益和经济关系调整就突出地表现为各国财政政策的协调与博弈。从宏观经济政策国际协调的历程来看，早期主要是与进出口贸易相关的税收政策和货币政策协调，随着生产要素国际流动的不断扩大和加深，财政政策国际协调日渐成为国际经济合作的重要内容和焦点。

3. 我国全面开放新格局新体制离不开财政政策的国际协调

我国改革开放的实践证明，开放带来发展，开放带来进步，开放带来创新，开放带来国家的繁荣富强。回顾 40 年改革开放的历程，我国

---

① 在国际经济合作中，经济政策和制度安排具有重要的地位和意义：经济政策是国际经济合作形式和制度安排得以贯彻和实施的具体表现，是国际经济合作战略技术层面的核心内容，是国际经济合作的现实推进器和动力源；而建立在经济政策基础上的制度安排则是维系国际经济合作过程和状态的关键因素，是国际经济合作形式和组织方式的现实存在和表现，国际经济合作总是在不同层次上表现为新机制、新体制的不断形成和完善，由制度所规定和形成的组织性和制度性成为国际经济合作的基本特征。

开放的模式从最初的经济特区、开放城市、经济开发区到出口加工区、保税区，再到自由贸易区、自贸试验区，模式不断创新和多样化，开放的领域不断拓展。其中，从2002年开始自贸区建设以来，我国已签署协议的自由贸易区超过了20个①，与自贸伙伴在货物、服务、投资等领域的贸易自由化水平不断提高，市场准入有序推进，外资准入限制不断减少，我国开放的环境更加优化，开放的业态更加创新，开放的优势也更加明显②。“适应经济全球化新形势，必须推动对内对外开放相互促进、引进来和走出去更好结合，促进国际国内要素有序自由流动、资源高效配置、市场深度融合，加快培育参与和引领国际经济合作竞争新优势，以开放促改革”③，推动形成全面开放新格局新体制。而要形成全面开放新格局新体制，就必须全方位多层次开展国际合作与协调，积极研究和推进作为国际经济活动重要内容和影响因素的财政政策的国际协调，“努力实现政策沟通、设施联通、贸易畅通、资金融通、民心相通，打造国际合作新平台，增添共同发展新动力”④。

二、研究意义

1. 进一步丰富和拓展财政政策研究领域和国际经济合作的空间

近年来，伴随着国际经济合作不断深入和发展，国际宏观经济政策协调的理论和实践不断深化和拓展，特别是由于世界金融危机和欧洲债务危机的影响，财政政策国际协调日益成为国际经济合作中的重要课题

---

① 包括中国—东盟、中国—东盟（“10+1”）升级、中国—新加坡、中国—新西兰、中国—巴基斯坦以及区域全面经济伙伴关系协定（RCEP）等（详见中国自由贸易区服务网 http://fta.mofcom.gov.cn/）。

② 李光辉．新时代：推动形成全面开放新格局［J］．国际贸易，2018（1）：7-8.

③ 2013年11月12日中国共产党十八届三中全会通过《中共中央关于全面深化改革若干重大问题的决定》。

④ 2017年10月18日中国共产党第十九次全国代表大会报告：《决胜全面建成小康社会，夺取新时代中国特色社会主义伟大胜利》。

和焦点。一方面，随着国际经济合作形式和内容的演进和发展，作为宏观经济政策重要组成部分的财政政策已成为影响国际生产要素流动和资源配置效率的重要内生变量，财政政策协调日益成为国际经济合作的重要内容和有机组成。另一方面，当前国际经济合作中的新动向和新趋势，对各主权国家财政政策的制定和实施提出了挑战，客观上也对财政政策的国际协调提出新的需要。因此，适应国际经济合作和宏观经济政策国际协调发展的趋势，研究财政政策的国际协调，构成对财政政策国际协调的理论拓展和实证。

2. 不断深化中国与东盟国家全面经济合作，构建全方位对外开放新格局

中国和东盟国家山水相连、文化相通、血脉相亲、利益相融，有着长期密切的经贸往来和交流合作。适应国际区域经济一体化的发展趋势，中国与东盟国家经济合作进程不断加快。特别是“一带一路”倡议和全方位开放新格局的提出，为中国与东盟各国经济合作再次提供了新机遇。从 2002 年 11 月中国—东盟自由贸易区的正式签署到 2010 年 1 月自贸区的全面建成，中国与东盟国家间的关税大幅降低，双边货物与服务贸易增长迅速，双向投资稳步发展，成为发展中国家间互利互惠、合作共赢的典范。2002 年，当中国—东盟自贸区刚刚启动时，双边贸易额为 548 亿美元，到 2018 年，双边贸易额已高达 5878 亿美元，16 年间增长了近 11 倍；双向投资从 2003 年的 33.7 亿美元增长到 2018 年的 158 亿美元，增长近 5 倍。中国成为东盟最大的贸易伙伴，东盟是中国第二大贸易伙伴，双方累计双向投资达到 2233 亿美元①。

近年来，适应世界经济复苏进程和区域一体化建设的需要，进一步提升中国—东盟自贸区合作水平的诉求日益凸显。2015 年 11 月 22 日，中国与东盟正式签署《中华人民共和国与东南亚国家联盟关于修订

① 商务部国际司. 中国—东盟自贸区升级《议定书》全面生效［EB/OL］. http://fta.mofcom.gov.cn/article/chinadm/chinadmnews/201910/41661_1.html.

〈中国—东盟全面经济合作框架协议〉及项下部分协议的议定书》（以下简称升级《议定书》）。2019 年 10 月 22 日，升级《议定书》对所有协定成员全面生效。中国—东盟自贸区自建成以来，逐渐形成了全方位、多领域、深层次的合作格局，促进了东亚地区的稳定、发展与繁荣。根据（东盟）统计，2019 年双边货物贸易额 5079 亿美元（占东盟贸易总额的 18%），比 2010 年的 2355 亿美元增长 1 倍多。2020 年 1—9 月，在新冠肺炎疫情暴发的严峻形势下，中国和东盟贸易额逆势增长 5%，东盟首次成为中国第一大贸易伙伴，形成中国和东盟互为第一大贸易伙伴的良好局面。2019 年，中国和东盟双边服务贸易额达到 657 亿美元；中国对东盟直接投资从 2010 年的 36 亿美元增加至 2019 年的 91 亿美元，增幅为 185%。2019 年，中国是东盟第四大外资来源地①。

伴随着中国—东盟自贸区的全面建成和升级谈判协议的签署，中国与东盟国家间经贸关系不断走向全面深入②，各国财政政策间的相互冲突和溢出效应日趋明显，并逐渐成为影响中国与东盟国家经济合作的重要因素。因此，研究中国与东盟国家财政政策协调，是推进中国与东盟国家区域合作进程，促进中国与东盟国家经济合作进一步深入发展的需要，也是加快实施我国自由贸易区战略、构建全面开放新格局的需要。

此外，笔者生活在云南，云南自古以来就是西南地区直接面向东南亚和南亚的重要门户和通道，中国与东盟国家经贸合作的拓展又赋予了云南等地以新的机遇，如何从政府财政政策制定和协调的角度融入区域经济一体化发展的历史潮流，提高对外开放水平，促进我国边疆民族地

---

① 参见中国与东盟 2020 年 11 月 13 日共同发表的《中国—东盟自由贸易区全面建成十周年实施报告》，第 3 页，http：//images. mofcom. gov. cn/www/202011/20201113175809195. pdf。

② 除中国—东盟自由贸易区外，中国还与新加坡在 2008 年 10 月签署了《中国—新加坡自由贸易协定》，2018 年 4 月 16—18 日，中国—新加坡自贸协定第六轮升级谈判在北京举行，双方就服务贸易、投资、原产地规则、贸易救济和经济合作等议题展开磋商，取得积极进展。目前，中国是新加坡的第一大贸易伙伴、第一大投资目的国，新加坡是中国在东盟的第三大贸易伙伴，在东盟的第一大投资目的国。

区经济社会的跨越发展，成为本书最为直接的现实意义。

第二节 国内外文献综述

随着经济全球化与一体化的迅速发展，各国间经济交流合作不断深入，相互依赖的程度不断加深，国际宏观经济政策协调的理论研究也随着实践的发展而日益丰富。从国际宏观经济政策协调的实践来看，各国政策协调主要包括货币政策、财政政策、贸易政策、产业政策等内容，而早期大量的研究主要集中在贸易政策和货币政策等的国际协调。

一、国外研究综述

国外关于财政政策国际协调的研究最早都是在国际宏观经济政策协调的框架内进行的，而且主要是按照从货币政策到财政政策以及这两大宏观政策间协调的路径展开的，它们既有在国际经济学和博弈论分析框架下的理论和实证研究，又有从国际政治学和制度分析视角的研究和分析。

一般认为，国际宏观经济政策协调的理论基础是由是库珀（Cooper，1968；1969）和尼汉斯（Niehans，1968①）等奠定的。库珀的“国际相互依存理论”研究了政策协调的溢出效应，指出在相互依存的世界中，仅靠一国内部的经济政策已不足以保证经济的稳定，主要国家经济政策调整存在确定的互动关系，国际经济政策协调日益重要甚至必不

① Niehans, J.. Monetary and Fiscal Policies in Open Economies under Fixed Exchange Rates: An Optimizing Approach. Journal of Political Economy, 1968, 76: 893-920.

可少[①]。库珀还通过模型粗略地估计了无政策协调、内部协调和完全协调等不同情形下政策目标的实现，指出国家间政策缺乏协调阻碍充分就业等目标的实现和提高对国际储备的要求[②]。托马斯·谢林（1960）[③]的“冲突的战略”理论认为，冲突双方存在协调合作来获取共同利益的可能性，也可能存在着收益分配上的分歧，国际合作与协调的重要影响因素分别是承诺、威胁、许诺及讨价还价等。巴拉萨（1962）[④]在分析产业政策、货币政策、汇率政策和财政政策等一体化对成员国影响的基础上，认为政策一体化能使各国的资源得到有效配置。

20 世纪 70 年代以来，伴随着石油危机、拉美债务危机、亚洲金融危机以及 2008 年全球金融危机的影响，欧盟等区域经济组织的发展特别是《马斯特里赫特条约》的出台，表明一国经济的波动及其相关宏观经济政策对其他国家的影响在不断加大，并对国际宏观经济政策的协调，尤其是危机中的政策协调提出了迫切要求，许多研究开始基于博弈论和开放宏观经济模型来展开，部分研究还直接关注财政政策协调的重要性和效应，甚至指出财政政策协调要比货币政策协调的效果更好。哈马达（Hamada，1976[⑤]；1979[⑥]）经典地阐述了国际经济政策不协调的无效率，指出协调可以达到帕累托最优。欧迪兹和萨克斯（Oudiz and Sachs，1984）[⑦]根据蒙代尔—弗莱明模型阐述了两国财政政策和货币政

---

① Richard N. Cooper. The Economics of Interdependence: Economic Policy in the Atlantic Community [M]. New York: McGraw-Hill, 1968.

② Richard N. Cooper. Macroeconomic Policy Adjustment in Interdependent Economies [J]. Quarterly Journal of Economics, 1969, 83 (1).

③ 托马斯·谢林．冲突的战略［M］．北京：华夏出版社，2005：4 - 30.

④ Bela Balassa. The Theory of Economic Integration, London: Allen & Unwin, 1962.

⑤ Hamada, Koichi. A Strategic Analysis of Monetary Interdependence. Journal of Political Economy, 1976, 84.

⑥ Hamada, Koichi, Macroeconomic Strategy and Coordination Under Alternative Exchange Rates. In Dornbusch and Frenkel, 1979: 292 - 324.

⑦ Gilles Oudiz, Jeffrey Sachs. Macroeconomic Policy Coordination among the Industrial Economics [J]. Brookings Papers on Economic Activity, 1984, 15 (1).

策间的相互影响，并按照丁伯根原则构建了一个政策影响的多国博弈模型，结论是：各个国家可以在给定他国政策的前提下实现本国福利最大化，但是，它们通过讨价还价达成的合作均衡在大多数情况下可以使各方达到更高的福利水平。坎佐尼和汉德森（Canzoneri & Henderson，1991）① 对国际战略相互作用分析的博弈论方法进行了非常系统和详细的综述，指出政策制定者的战略行为是必要的。Russell W. Cooper（1999）②在互补性模型中强调政府充当着重建公众信心的角色，认为政府能在支持帕累托有效均衡中发挥积极的作用，并认为政府有时候又是协调出现问题的原因而不是解决协调的答案。当然，也有少数研究反对财政政策协调，如 Beetsma、Uhlig（1999）③ 等指出，当成员国有充足的空间让市场机制和“自动稳定”的财政政策发挥作用时，财政政策的溢出效应可能十分有限，因而财政政策协调也就显得没有必要。

随着开放宏观经济学的发展，奥布斯菲尔德和罗戈夫（Obstfeld and Rogoff，1995）④、贝尼诺（Benigno，2004）⑤和帕帕（Pappa，2004）⑥等利用代表性消费者、代表性厂商均衡价格模型，运用跨期分析方法、名义价格黏性等假定证明了非合作的政策引发的福利损失，认为政策的协调会带来福利的增加，但是，不同的学者认为福利增加的程

① Canzoneri，Matthew and Dale Henderson. Monetary Policy in Interdependent Economies：A Game-Theoretic Approach，Cambridge（Mass.）：MIT Press，1991.

② ［美］Russell W. Cooper. 协调博弈——互补性与宏观经济学［M］. 张军，李池，译. 北京：中国人民大学出版社，2001：172.

③ Beetsma，R. and H. Uhlig. An Analysis of the Stability and Growth Pact［J］. The Economic Journal，1999（109）：546 – 571.

④ M. Obstfeld，K. Rogoff：Exchange Rate Dynamics Redux. Journal of Political Economy，1995，103.

⑤ G. Benigno，P. Benigno：Price Stability in Open Economies. Review of Economic Studies，2004，70.

⑥ Evi Pappa：Do the ECB and the Fed Really Need to Cooperate? Optimal Monetary Policy in a Two-country World. Journal of Monetary Economics，2004，54（4）.

度各不相同。20 世纪 90 年代以来，许多学者开始利用各国数据对政策协调收益的实证分析：泰勒（Taylor，1993）①等依赖大规模结构化模型开展模拟实验。凯普瑞（Caporale，1995）② 对欧盟成员国的财政赤字和累积债务进行平稳性检验，以判断各国财政是否平稳。此后，有研究开始运用 VAR 模型进行分析，如金姆（Kim，2002）③ 等发现，美国的货币政策变化会通过影响贸易条件和名义汇率、消费、储蓄、投资等进而影响到他国。

此外，部分研究还关注财政政策协调与经济周期协动，代表性的成果有：Darvas、Rose 和 Szapdry（2005）④ 根据 OECD 国家的数据，发现"拥有政府预算状况相似的国家，其经济周期协动性也较强，欧盟的财政趋同和财政政策协调有助于提高经济周期的协动性"。Fatás，Mihov（2003b）⑤ 的研究发现，政府财政政策会引发宏观经济波动，而且波动每增加 1% 将带来经济增长率下降 0.8%。Fatás、Mihov（2003a）⑥ 和 Hagen（2012）⑦ 等对欧元区样本国家的财政政策进行了实证分析，指出随意性财政政策不仅是经济过度波动和长期增长率偏低的重要原因，还会形成顺周期的财政政策，并导致经济周期波动的幅度放大。理论上，应对经济波动的财政政策应该是逆周期的。但在现实中，由于许多

---

① J. &Taylor. Macroeconomic Policy in a World Economy from Econometric Design to Practical Operation. NewYork：W. W Norton & Co Inc，1993.

② Caporale，G.. Bubble Finance and Debt Sustainability：A Test of the Government's Intertemporal Budget Constraint. Applied Economics，1995，27（12）：1135－1143.

③ Soyoung Kim. International Transmission of U. S. Monetary Policy Shocks：Evidence from VAR's. Journal of Monetary Economics，2002，48.

④ Darvas，Z.，Rose，A. K. and Szapory，G.. Fiscaland business cycle synchronization：irresponsibility is idiosyncratic. NBER Working Paper，No. 11580，2005.

⑤ Fátds，A. and Mihov，I.. On Constraining Fiscal Policy Discretion in EMU. Oxford Review Of Economic Policy，Vol. 19，No. 1，2003.

⑥ Fatás，A. and Mihov，I.. The Case for Restricting Fiscal Policy Discretion. Quarterly Journal Of Economics，Vol. 118，No. 4，2003.

⑦ Hagen，V.. Electoral Institutions，Cabinet Negotiations，and Budget Deficits in the European Union. NBER Working Paper，No. 6341，2012.

复杂的原因，财政政策经常是顺周期的（Gali、Perotti，2003）①，有必要通过财政政策协调以防止出现顺周期的财政政策。Lane（2003）② 认为，如果区域一体化组织中的某国政府因错误判断而采取紧缩或扩张的财政政策，并形成各国间财政政策的完全背离或巨大差异，则该区域内国家间经济周期的协动性会下降。

二、国内研究综述

国内对财政政策国际协调的研究，在借鉴国外宏观经济政策协调分析方法和视角的基础上，目前依然还是在国际宏观经济政策协调的框架内和集中于相对独立的国际税收协调，并主要是以欧盟为研究对象的理论阐述和经验借鉴。

成新轩（2003）③、刘宁宁（2006）④ 等较为深入地论述了欧盟财政政策协调的必要性、内容、模式和经济效应以及欧盟财政政策协调的新挑战与制度创新。成新轩（2003）⑤ 以欧盟为例，运用理论和数理模型对财政政策协调的必要性、财政政策协调的经济效应和财政政策协调成功的条件进行了阐述，指出财政政策协调对欧盟经济的良好运行和长期稳定以及整体福利的提高具有重要意义。黄梅波（2004，2010）⑥⑦ 对宏观经济政策协调的进展及成效和中国参与国际宏观经济政策协调的

---

① Gali，J. and Perotti，R.. Fiscal policy and monetary integration in Europe. Economic Policy，Vol. 18，No. 37，2003.

② Lane，P. R.. The cyclical behavior of fiscal policy：Evidence from the OECD. Journal Of Public Economics，Vol. 87，No. 12，2003.

③ 成新轩．欧盟经济政策协调制度的变迁［M］．北京：中国财政经济出版社，2003.

④ 刘宁宁．欧洲经济货币联盟政策协调机制研究［M］．北京：经济科学出版社，2006.

⑤ 成新轩．欧盟财政政策协调分析［J］．世界经济．2003（5）：41－46.

⑥ 黄梅波．宏观经济政策协调的进展和成效：回顾和展望［J］．世界经济，2004（3）.

⑦ 黄梅波，胡建梅．中国参与国际宏观经济政策协调的收益分析［J］．经济经纬，2010（6）.

收益进行了分析；范祚军等（2005）[①] 从财政政策区域性溢出效应和市场一体化、货币一体化理论的角度解释了财政政策协调的必要性，并对财政政策协调的经济效应、协调的条件和框架进行了阐述，认为财政政策协调有助于财政过度溢出的国家创造更有效的反周期政策，恰当地利用溢出效应能够从中获取协调利益，有利于提高区域内整体的内聚力和一致性。张彬、胡晓珊（2005）[②] 指出，欧盟财政政策协调归根到底是一个制度安排问题，可从《稳定与增长公约》的修正、税制的趋同以及结构性改革三个方面建立和完善欧盟财政政策协调制度变迁的框架。蒙丽珍（2007）[③] 指出，消除成员国财政政策对区域的“溢出效应”、填补关税“退位”后的空缺和实施经济援助，缩短自由贸易区内部发展不平衡差距是实施财政政策协调的主要原因。朱青（2008）[④] 通过对欧元区财政赤字不能超过 GDP 的 3% 和国债余额不能超过 GDP 的 60% 这些趋同标准的分析，指出协调成员国的财政政策可以避免分散的财政政策与统一的货币政策相冲突，认为有必要在欧元区内实行集中统一的财政政策。董书慧（2008）[⑤] 指出，在欧盟内部，应对非对称冲击的主要手段就只有财政政策协调（独立财政政策的趋同化），认为财政政策协调成功与否直接影响到欧盟一体化的进程，财政协调的实现在很大程度上取决于协调的目标选择，提出了欧元区国家财政政策协调的三种选择模式——财政联邦制、统一管理与分散自主相结合的财政体系以及财政一体化模式。

---

① 范祚军，唐奇展．中国—东盟自由贸易区财政政策协调的理论分析——CAFTA 进程与宏观经济政策协调研究系列之二［J］．广西大学学报（哲学社会科学版），2005（1）：84－87.

② 张彬，胡晓珊．欧盟财政政策协调的制度创新［J］．法国研究，2005（1）：225－237.

③ 蒙丽珍．中国—东盟自由贸易区框架下的财政政策协调［J］．财政研究，2007（9）：37－39.

④ 朱青．欧元区财政政策的协调及其面临的挑战［J］．吉林工商学院学报，2008（1）：60.

⑤ 董书慧．欧元区国家财政政策协调的路径选择［J］．世界经济，2008（2）：78－82.

近年来，伴随国际经济社会中出现的新问题和新机遇，特别是希腊等国家主权债务危机的不断演化，财政政策国际协调的研究不断得以深入，相关研究除了从理论上揭示财政政策协调的必要性之外，还进一步从实证层面分析了财政政策协调的路径、财政政策协调与经济波动的关系以及财政政策协调的制度创新等内容。孟艳（2010）① 指出欧元区财政政策和货币政策执行缺陷引致的不协调带来了一系列严重后果，其溢出效应既包括危机的跨国蔓延，又包括对欧元的冲击。马静（2012）② 结合爱尔兰债务危机发生的特征及成因，指出欧盟存在着统一的货币政策与分散的财政政策间的矛盾，财政预算不足、财政赤字率限制了各成员国财政政策的反周期性调节作用，财政负债标准没有切实遵循各成员国经济的周期性等，并探讨欧盟财政政策协调对东盟的启示。孙瑾、刘文革、郭文杰（2014）③ 根据1983—2012年数据，利用HP滤波、皮尔逊相关系数判断经济周期协动性，结合三期面板模型研究了欧元区财政政策协调与经济周期协动性的关系：欧元区主要国家间财政趋同有利于经济协动，财政政策协调是治理危机的一条出路，认为货币一体化的同时要求财政一体化。孙瑾、郑雅洁（2014）④ 指出财政政策协调能力下降会带来国家间经济周期的协动性下降和经济波动加剧，而财政趋同有利于经济协动，因此，世界主要大国之间的财政政策协调是必要的。他们通过对中国与欧美财政政策协调的实证指出，可以将“财政赤字许可证”引入中美、中欧经济政策谈判，激励主要国家的财政政策协调，

① 孟艳．欧元区国家财政政策与货币政策协调研究［J］．财政研究，2010（11）：78－79.

② 马静．从爱尔兰主权债务危机分析欧盟财政政策的缺陷——兼谈对东盟财政政策协调的启示［J］．金融纵横，2012（9）：18－22.

③ 孙瑾，刘文革，郭文杰．欧元区主要国家间财政政策协调与经济周期协动性关系研究［J］．宏观经济研究，2014（4）：135－143.

④ 孙瑾，郑雅洁．后危机时代中国与欧美财政政策协调研究［J］．经济理论与经济管理，2014（7）：98.

坚持长期协调的路径。谭理思、李秋林（2015）[①] 认为，欧元区财政政策协调规则在可执行性与约束力方面存在着较多的问题，需要从制度层面进行创新，着力解决现行协调规则僵化性、顺周期性和软约束性问题，构建激励与约束相配套，事前规范、事中监督与事后奖惩相衔接的欧元区财政政策协调规则新框架。

需要特别指出的是，国际税收协调是当前我国财政政策协调研究最为深入和成果最为丰硕的一个重要领域[②]。在国际税收的理论框架下，相关文献不仅对我国参与国际税收竞争与协调的实践进行了总结和梳理，而且还提出了一系列具有重要理论和现实意义的战略对策。靳东升（2002）[③]、邓力平（2006）[④] 等概括和总结了税收国际协调的意义、内容及主要形式，并分析了东盟的税收协调，提出了许多完善国际税收协调的建议。钟晓敏（2002）[⑤]、成新轩（2002）[⑥]、葛夕良（2004）[⑦] 等对欧盟税收制度和政策协调的现状、具体内容和发展趋势等进行了阐述。常世旺（2005）[⑧] 对未来国际税收协调可能采取的公式分配法进行了分析。刘宁宁（2006）[⑨] 在分析欧盟财政政策溢出效应时曾以税收政策为例展开研究，认为溢出效应是阐述税收竞争的根本原因，税收政策协调减少了各国税收政策间的不良溢出，能使各国税收政策获得最大的收益。郑蔚（2013）[⑩] 建构了一个国际税收协调的理论分析框架，分析了不同协调度下国际税收协调的内容、方式、机制特点，提出了国际税

---

① 谭理思，李秋林．欧元区财政政策协调规则研究［J］．学术交流，2015（1）：146－150.

② 赵仁平．我国国际财政研究综述［J］．云南财经大学学报，2010（1）：79－85.

③ 靳东升．税收国际协调的展望及思考［J］．经济社会体制比较，2002（5）.

④ 邓力平．国际税收竞争的不对称性及其政策启示［J］．税务研究，2006（5）.

⑤ 钟晓敏．论欧盟税收政策的协调［J］．世界经济，2002（2）.

⑥ 成新轩．试析欧盟的间接税协调［J］．欧洲，2002（4）.

⑦ 葛夕良．欧盟的直接税协调［J］．扬州大学税务学院学报，2004（1）.

⑧ 常世旺．公式分配法：国际税收协调新方式［J］．涉外税务，2005（8）.

⑨ 刘宁宁．欧洲经济货币联盟政策协调机制研究［M］．北京：经济科学出版社，2006：132－138.

⑩ 郑蔚．国际税收协调论——基于区域经济一体化的视角［M］．北京：经济管理出版社，2013：2.

收协调度测度的指标和方法。王燕武（2008）[①] 在国际税收协定与外国直接投资（FDI）相关性研究的综述中指出，国际税收协定目标的多重性，决定了国际税收协调与 FDI 的效应存在着两种截然相反的结论。

三、总体评述

总体上，伴随着国际经济合作的历史进程，财政政策国际协调的研究在国际经济政策协调的框架下不断深入和发展，且主要是沿着从早期大量的货币政策协调向近年来财政政策协调的路径展开的。财政政策国际协调的产生和发展，客观上源于国际经济合作与国际财政实践的需要。从研究对象来看，主要是国家财政政策内部协调到各国财政政策与货币政策协调再到国际财政政策协调；从具体研究范围来看，主要是以欧盟、美国和中国等主要经济组织或区域经济体为对象，并以国际税收协调为成果最多研究最为深入的领域。所有这些研究，不仅在理论上阐述了财政政策国际协调的必要性、内容、形式和经济效应等，还在实证层面不同程度地展开了对财政政策国际协调的机制和效应的研究。虽然财政政策国际协调的理论特别是实证研究并没有得到完全一致的和肯定的结论，但财政政策协调已逐步成为国际宏观经济政策协调研究的重要内容和主要矛盾，这为中国与东盟国家财政政策协调研究提供了最为直接的理论基础、研究思路和分析方法。

从研究方法的角度来看，财政政策国际协调主要是立足于国际经济学和博弈论的角度展开的分析，也有从国际政治学、新制度经济学等角度展开的研究。就财政政策的内容而言，依然主要局限于传统财政学的认识框架，很少从国际财政的角度来展开对财政政策协调的分析。因此，如何从国家财政与国际财政相结合的角度，促进国际经济学、国际政治学等学科的有机融合，是实现财政政策国际协调在理论体系、研究

---

① 王燕武．国际税收协定与 FDI 相关性研究综述［J］．国际经贸探索，2008（7）．

内容和分析方法上的创新和全面发展的关键。

此外，伴随着中国与东盟国家经贸关系的不断深入和发展，已有部分研究成果直接关注中国与东盟国家的经济政策、财政政策以及税收政策协调这一主题，但总体上主要还是理论上的阐述和分析，不仅在研究范围和研究深度上存在着明显不足，而且都不是从国际财政的角度对中国与东盟国家财政政策协调的全面、系统的分析和研究，客观上难以适应全面深化中国与东盟国家经济合作与发展的趋势和要求。因此，从国际财政的角度全面、系统地探讨中国与东盟国家财政政策协调，既是不断深化和拓展财政政策国际协调研究的必然，又是推动中国与东盟国家构建区域全面经济伙伴关系的现实需要。

第三节　主要内容和框架

一、基本框架和内容

全书的基本框架除导论外，分为五章，各部分主要内容如下：

导论。导论是本书的研究起点和基础。主要包括选题背景和研究意义、国内外文献综述、研究思路及方法、主要创新与不足等内容。中国与东盟国家财政政策协调研究，在于拓展财政政策研究的领域和国际经济合作空间，推进中国与东盟国家全面经济合作，构建全方位对外开放新格局。

第一章：财政政策国际协调的理论分析。借助国际财政和国际经济学的理论及分析方法，本章初步构建了财政政策国际协调研究的理论框架，在分析财政政策国际协调的含义和必要性的基础上，阐述了财政政策国际协调的内容、形式和机制原理。

第二章：中国与东盟国家财政政策协调现状。立足于财政政策国际协调的理论分析框架，以中国与东盟国家的经济交流与合作为载体，全面梳理和分析中国与东盟国家财政政策协调的进展及存在的问题，是探索和促进财政政策有效协调最重要的前提和基础。

第三章：财政政策国际协调的实践与借鉴。从推进中国与东盟国家区域经济合作不断深入的角度，本章重点阐述了东盟、欧盟和北美自由贸易区等区域组织和各国政府财政政策协调的实践以及应对危机的财政政策协调经验。

第四章：中国与东盟国家财政政策协调的经济效应。协调经济效应的分析，是中国与东盟国家财政政策协调研究的核心。分析财政政策协调的成本与收益，并对财政政策协调的经济效应进行计量实证，是本章的主要内容。

第五章：促进中国与东盟国家财政政策协调的对策。探索促进中国与东盟国家财政政策协调的对策，是本书最终的落脚点和归宿。促进中国与东盟国家财政政策协调，基本的思路就是要明确协调的原则和目标，找准协调的内容和模式，探索和创新协调的机制。

二、研究思路及方法

1. 研究思路

本书主要从国际财政和国际经济学相结合的角度，立足于财政政策国际协调的理论构建，通过对中国与东盟国家财政政策协调的进展与经济效应等的实证研究和财政政策国际协调实践的比较分析和案例研究，全面阐述促进中国与东盟国家财政政策协调的原则、目标、内容、模式和机制，为推动中国与东盟国家命运共同体建设、实现对外开放新格局提供理论指导和政策建议。需要指出的是，本书的研究主要是从国际财政和国际经济学相结合的角度展开的，即不仅从中国与东盟国家经济政治关系的角度来探讨财政政策国际协调，还从促进区域国际经济深入发展的角度来系统地阐述财政政策协调的有关问题。

2. 研究方法

（1）实证分析与规范分析相结合。中国与东盟国家财政政策协调的实践，为实证分析提供了丰富的素材，而中国与东盟国家财政政策协调的推进，需要进一步探索“应该怎样”的问题，即通过对中国与东盟国家财政政策协调的进展与经济效应等的实证分析，找出财政政策协调存在的问题，探索适合中国与东盟国家财政政策协调的对策及建议。

（2）比较分析与案例分析相结合。通过对不同区域组织和各国政府财政政策协调的比较研究，认识财政政策国际协调的演进规律和路径；充分利用20世纪90年代以来国际社会应对典型危机的财政政策协调实践进行案例分析，探索适合中国与东盟国家财政政策协调的机制和模式构建。

（3）制度分析和博弈分析的综合。中国与东盟国家财政政策协调，不仅处在一定的制度环境中，而且其本身就是一种制度安排。因此，制度分析的思想和方法贯穿本书之始终。博弈论是分析和解决财政政策的冲突与合作并设计相关协调机制的有效工具。中国与东盟国家财政政策协调，就是中国与东盟各国在财政政策领域的一种博弈。因此，博弈分析是研究财政政策协调、探索其博弈规则和合作机制的有效方法。

三、主要创新与不足

1. 主要创新

财政政策国际协调是当前国际宏观经济政策协调的重要内容、难点及主要矛盾。中国与东盟国家财政政策协调，不仅是有效处理中国与东盟国家财政政策溢出效应和提高区域内资源配置效率的重要途径和方式，而且是深化中国与东盟国家区域合作构建全方位对外开放新格局的重要举措，还是加快建设中国—东盟命运共同体、应对经济波动与债务危机的客观必然。

（1）借助国际财政与国际经济学的理论及方法，不同于传统财政政策分析，本书构建了一个财政政策国际协调的理论体系和分析框架——主要从国际税收、国际债务、国际投资和国际援助政策的角度，对中国与东盟国家财政政策协调的现状、问题、效应和对策进行了全面系统的研究。

（2）综合运用实证分析与规范分析、比较分析与案例分析、制度分析与博弈分析等方法，多角度多层次地阐述了中国与东盟国家财政政策协调的现状、问题和效应。

（3）在对策建议上，既立足于区域整体探索促进中国与东盟国家财政政策协调的目标、机制和模式，又着力研究中国参与区域经济合作的财政政策协调思路和对策。

2. 不足之处

本书虽然初步构建了财政政策国际协调的理论体系和分析框架并将之运用于中国与东盟国家财政政策协调的实践和对策分析中，但这只是笔者的粗浅认识和分析。由于财政政策内容的复杂多变和国际协调的困难和局限，很难把所有财政政策及其国际协调全部纳入分析框架进行研究。即便是在对财政政策国际协调的范围作出狭义限定的基础上，本书对中国与东盟国家财政政策协调的研究整体上还主要停留在宏观分析和体系构建的窠臼而没有完全进入微观研究的行列。

中国与东盟国家财政政策协调对策和建议的提出，必须建立在对财政政策协调效应这个核心内容的深入研究和实证上。本书虽然对中国与东盟国家财政政策协调的经济效应从成本收益分析和计量实证分析两个层面上进行了研究，但囿于相关数据的不完整和作者知识结构的局限，对财政政策协调效应的分析依然存在着不够深入、不够具体的问题，这将有赖于后续研究进一步补充和开拓。

第一章

财政政策国际协调的理论分析

财政政策国际协调不仅是国际经济合作的重要内容，还是国际财政存在的重要形式和表现。借助国际财政和国际经济学的理论及分析方法，本章初步构建了财政政策国际协调研究的理论框架，在阐述财政政策国际协调的内涵和必要性的同时，具体分析了财政政策国际协调的目标、形式和机制原理。

第一节　财政政策国际协调的含义及内容

财政政策是财政理论指导实践的核心环节和现实财政活动的反映。财政政策国际协调，既包含从国家财政的角度展开的财政政策协调，又包含国际财政框架中的财政政策协调。本书所谈的财政政策国家协调，主要是从国际财政与财政政策的基本内容相结合的角度展开的。

一、财政政策的内涵

1. 国家财政视角下的财政政策

财政是国家治理的基础和重要支柱。从财政的起源来看，财政是伴随着国家的产生而产生的。财政政策作为国家财政活动的反映和财政理论体系中的重要内容，在不同时期、不同国家有着不同的理解和认识。从西方经济思想的发展来看，伴随着重商主义的诞生和亚当·斯密创立现代财政学，系统的财政政策理论开始产生和发展。特别是凯恩斯的《通论》和宏观经济学框架的形成，现代财政政策的理论体系日趋成熟。

理论上，对财政政策的认识是一个不断发展的过程。20 世纪 60 年代，V. 阿盖迪指出，“财政政策可以认为是税制、公共支出、举债等种种措施的整体”①。希克斯认为，“财政政策是指公共财政的所有不同要素在依然把履行其职责（税收的首要职责就是筹措收入）放在首位的同时，共同适应各项经济政策目标的方式、方法”②。这些定义着重强调财政政策的手段，而财政政策的目标是由经济政策的目标来决定的。随着宏观经济学和财政理论的发展，财政政策从被概括为各种政策的组合转而强调其所要实现的目标，对财政政策的理解和概括日益深刻和准确，J. F. 都指出，“所谓财政政策意即政府收支的调整，以达到经济更加稳定，实现预期经济增长率”③；在凯塞看来，“财政政策就是政府的税收、支出以及债务政策对生产、就业、收入以及价格等水平的影响”④；“财政政策是通过政府课税及支出的行为，以影响社会的有效需求，以促进就业水平的提高，并避免通货膨胀或通货紧缩的发生，从而实现经济稳定的目的的政策”⑤。显然，财政政策的目标尤其是稳定经济的作用成了强调的重点，只是有的强调政府消除经济周期、实现充分就业、稳定物价等短期目标，有的强调经济效率、经济增长等长期目标。

我国财政理论和财政实践的发展，推动了对财政政策认识的不断深入。陈共指出，“财政政策是指一国政府为实现一定的宏观经济目标，而调整财政收支规模和收支平衡的指导原则及其相应的措施。财政政策贯穿于财政工作的全过程，……由支出政策、税收政策、预算平衡政策、国债政策等构成的一个完整的政策体系”⑥。郭庆旺在综合和分析国内外财政政策理论的基础上认为，“财政政策就是通过税收和公共支

---

① 转引自郭庆旺，赵志耘．财政学［M］．北京：中国人民大学出版社，2002：608.

② Hicks, U. K.. Public Finance. Macmillan and Company Ltd., 1967: 269.

③ Due, J. F.. Government Finance: Economics of the Public Sector. Richard D. Irwin, Inc., 1968: 267.

④ Keiser, N. F.. Macroeconomics, Fiscal Policy and Econmic Growth. New York: John Wiley & Sons Inc., 1964: 4.

⑤ 施建生．云五社会科学大辞典·经济学［M］．台北：台湾商务印书馆，1970：196.

⑥ 陈共．财政学（第九版）［M］．北京：中国人民大学出版社，2017：259.

出等手段，达到发展、稳定、实现公平与效率，抑制通货膨胀等目标的长期财政战略与短期财政策略”①。王曙光认为，“财政政策是指国家为实现一定的经济社会目标而调整财政收支和保障社会经济良性运行所采取的策略及其措施。……由预算政策、税收政策、收费政策和国债政策等构成了一个完整的财政政策体系”②。

综上所述，财政政策的界定涵盖了财政政策的目标、手段和作用等不同层面的内容，是一个伴随着财政理论和实践不断丰富和体系化的过程。因此，财政政策作为国家财政活动的要求和反映，是财政理论具体化、规范化和财政实践原则化、制度化的过程，是基于经济发展规律和财政活动本身的主观指导和客观规律的统一，是一定时期内的稳定性和长期中的变动性相衔接不断推陈出新的历史过程，也是国家宏观调控的重要政策手段和国家经济政策的重要组成部分。财政政策作为实现国家治理基础和重要支柱的经济管理手段和工具，具有导向功能、协调功能、控制功能和稳定功能③。

从政策体系的角度，我们至少可以从六个层次上去认识财政政策：

（1）财政政策主体，指财政政策的制定者和执行者，一般认为它们主要是各级政府特别是中央政府。

（2）财政政策目标，指由不同时期经济社会发展战略和目标决定的财政政策所要实现的期望值，一般政策目标主要是预算平衡、物价稳定、充分就业、经济稳定与增长、公平分配和社会生活质量的提高。

（3）财政政策工具，指实现财政政策目标的各种财政手段，它涉及全部财政活动领域的财政范畴，主要有公共支出（包括购买性支出和转移性支出）、税收、收费、公债、预算等。

（4）财政政策效应，指财政政策的实施对经济的影响和作用效果，

---

① 郭庆旺，赵志耘．财政学［M］．北京：中国人民大学出版社，2002：610.

② 王曙光．财政税收理论与政策研究［M］．北京：经济科学出版社，2015：99.

③ 郭庆旺，赵志耘．财政学［M］．北京：中国人民大学出版社，2002：611－613.

不同的财政政策手段具有不同的政策功能和效用，具体可以用财政政策乘数（包括税收乘数、购买性支出乘数、转移性支出乘数、预算平衡乘数等）、“自动稳定器”功能等来表示。

（5）财政政策传导机制，指财政政策工具借助各种媒介发挥作用形成的有机联系的整体，是财政政策赖以传导的中间变量。在市场经济条件下，财政政策传导机制的主要媒介是货币供给、收入分配和价格。

（6）财政政策类型，指财政政策按不同视角划分的不同类别，从经济社会活动的两个侧面，可将财政政策分为需求侧财政政策和供给侧财政政策①；而按照财政政策对国民经济总量影响的不同，可以分为紧缩性财政政策、扩张性财政政策和中性财政政策。

2. 国际财政视角下的财政政策

随着国际经济活动特别是区域一体化的世界潮流，国家财政活动及财政政策开始成为国际经济合作的重要影响因素和内生变量，国家财政活动视角下的财政政策也逐渐拓展到国际财政视角下的财政政策。从本质上说，国际财政视角下的财政政策就是国际经济活动对财政政策的要求和反映，它包含了国家财政视角下的财政政策的全部内容，但由于国际经济和国际财政活动的特殊性，决定了国际财政视角下的财政政策又有其特殊性。

一般而言，“国际财政是伴随着国际经济活动的扩展和国家间经济依赖的日益加强而在财政关系领域形成的一种国际经济现象，是财政和国际经济相结合的产物”②。关于国际财政的定义，理论界至少有两种不同的观点：“一种观点是从世界或全球角度来看的财政，即世界财政或全球财政，是以世界性的公共权力机构或世界政府为后盾的；另一种观点是把国际财政看成是国际经济中的财政，是国家财政在国际经济中的延伸或变种，是国际经济中的国家财政活动，是不同国家的财政通过

① 陈共．财政学（第九版）［M］．北京：中国人民大学出版社，2017：264.

② 赵仁平．论国际区域财政研究的基本框架［J］．云南财经大学学报，2007（4）：61－64.

国际经济交往而相互联系在一起所形成的国与国之间的财政关系。”①与国家财政相比，国际财政具有一般财政的普遍性特征，同时又有其自身固有的特殊性，即国际性、整体性、复杂性和协调性等特点②。虽然在欧盟等区域或国际经济组织中我们可以看到一些世界财政或全球财政的影子，但在现代主权国家占据主导地位的背景下，事实上并不存在完全超越国家的全球权力机构或世界政府，国际财政更多研究的是国际环境下财政的作用问题。“它主要表现为对国际经济活动中的国家财政政策和制度的协调以及财政利益分配，是国家参与国际经济活动的一种资源配置方式，其本质是国家间的财政关系”③。

在现代市场经济中，国家财政存在的客观前提在于国民经济中的市场失灵。国际财政作为国际经济活动中财政问题的国际化，“由市场经济的市场性和开放性决定的国际市场失灵，就成为国际财政存在的理论基础”④。基于不同的经济社会条件和利益目标，各国财政政策安排往往存在着巨大的差异，进而直接成为各国国际经济合作和生产要素自由流动的严重阻碍，因此，寻求和实现各国政府或区域经济组织间财政政策协调，是国际财政存在的现实基础。

基于此，国际财政视角下的财政政策，除了包括国家财政视角下的财政政策外，在内容和体系上还应着重从国际税收政策、国际债务政策、国际投资政策、国际援助政策等方面去构建。

（1）国际税收政策和国际债务政策，是国际经济框架下政府收入活动的主要政策规范和制度体现。国际税收是国际财政研究中最受关注也是最为深入的内容，是国际财政“大厦”相对独立的体系和重要支撑。国际税收政策，就是各国在国际经济活动中有关国际税收问题和税收现象方面的指导原则及其具体措施，本质上调整各国税收关系和税收

① 董勤发．国际财政研究［M］．上海：上海财经大学出版社，1997：4.

② 林品章．国际财政若干问题的研究［J］．财政研究，1995（1）.

③ 赵仁平．论国际区域财政研究的基本框架［J］．云南财经大学学报，2007（4）：61－64.

④ 董勤发．国际财政研究［M］．上海：上海财经大学出版社，1997：7.

利益的基本制度安排和行为准则。通过比较各国税收政策的差异和冲突，探索各国间最优的税收分配政策和税收协调政策，积极防止和消除有害税收竞争，促进国际税收从竞争走向协调和合作，实现各国税收关系的和谐，是国际税收政策关注的焦点。

国际债务政策是国际信贷合作和国家公债政策的重要内容和组成，在全球经济发展中起着重要的作用。现实中，国际债务是一把“双刃剑”，它在促进国际社会经济发展的同时又可能形成债务风险，引发债务危机并危及社会政治经济的稳定。因此，国际债务政策在世界各国社会经济发展和政府财政活动中具有重要意义。理论上，国际债务政策在国际金融和国家公债体系中有完整的内容和阐述；现实中，国际债务政策也存在着许多问题和不足，尤其是在当今经济全球化发展的时代，债务危机的爆发不仅会对债务国的经济政治社会发展造成直接冲击，还会波及和影响其他地区的经济政治和社会稳定。因此，立足于实现国际经济稳定与发展，促进国际债务政策的沟通协调，构建一个与之相适应的高效的国际债务运行机制和风险防范体系，是国际债务政策研究的重要内容。

（2）国际投资政策和国际援助政策，是各国在国际经济框架下政府支出活动的基本表现。国际投资是当代国际经济合作的重要内容，20世纪90年代以来，其发展速度逐步超过了国际贸易，成为联系各国经济的重要机制①。国际投资政策作为国际投资的政策体现和基本规范，不仅直接影响着各国间生产要素的流动，还关系着各国财政利益的实现和经济的增长与均衡。通常而言，国际投资政策特别是国际投资协定的核心内容是有关投资保护、待遇和争端解决等方面的政策，目的是要推动国际直接投资（FDI）领域的开放以及减少对FDI经营的限制。整体上看，国际投资政策还存在着对“投资”的定义、FDI准入及外资企业的待遇标准、国有化与征收、投资争端解决机制、业绩要求、激励措

① 李奕滨，周华．国际经济合作［M］．上海：立信会计出版社，2005：11.

施、技术转移、竞争政策等内容上的不同和争议，各层次上的投资政策也有着不同的目标和优缺点，它们都不同程度地存在缺陷并影响着国际投资的发展。

国际援助政策是国际援助的政策规范和具体措施。一般来说，国际援助可以分为官方发展援助（ODA）与非官方援助，其中，官方发展援助在国际援助中占有绝对优势，国际援助也主要指官方发展援助。由于国际援助的资金通常来自援助国政府财政支出，并直接依靠援助国的政府机构（或国际多边援助机构）来实施。因此，国际援助本质上就是以主权民族国家为主体，在各种非经济性因素的作用下，以国家的政策行为对国际经济政治进行调整的结果，是一种国与国之间具有战略意义的经济性、政策性的政府行为，是国际财政中具有收入再分配意义的转移支付政策和形式①。国际援助不仅被看作是国家外交的工具和全球治理的工具，还被看作是一种跨国财政转移和跨国的国家行为②。当前的国际援助政策，客观上存在援助体系过于复杂，援助国和受援国之间交易成本高等问题，难以适应发展中国家贫困化问题、环境问题、区域发展不平衡等问题的要求。因此，一个有效的国际援助政策体系不仅是国际经济合作与发展的客观要求，还是完善国际援助体系、有效促进各国经济社会和谐发展的重要举措。

（3）财政补贴政策和政府采购政策，也是国际财政支出的有机组成和各国政府支出活动的重要表现。财政补贴政策作为财政转移性支出和国家经济调节的重要政策工具，在世界各国普遍存在。一般认为，财政补贴在经济发展特别是外向经济发展中，各国纷纷运用财政补贴政策来促进出口和扶持产业。它们涉及出口财政补贴政策、农业财政补贴政策和研发财政补贴政策等，在促进各国经济发展的同时，往往又会对全

① 赵仁平．中国—东盟自由贸易区财政制度协调研究［M］．北京：经济科学出版社，2010：35.

② 周弘，张浚，张敏．外援与发展：以中国的受援经验为例［J］．欧洲研究，2007（2）：1－20.

球经济的发展和国际贸易的公平产生一定的负效应。如在欧盟的外向经济发展中，农产品出口贸易政策一直是一项相当重要的内容。欧盟的农业补贴政策（共同农业政策）“鼓励了过度生产和出口倾销，……使得欧洲的大农场主和农业经济获益匪浅，但发展中国家的农业生产者利益却严重受损”①。从国际经济合作的角度来看，不仅要充分发挥财政补贴政策在外向经济发展中的促进和导向作用，还应该关注财政补贴政策可能产生的负效应。

政府采购政策作为一种重要的贸易方式和财政支出政策，对世界各国财政关系和财政利益具有重要的影响。政府采购是国际经济合作与经贸往来的关键谈判议题之一：一方面，随着各国政府支出规模和范围的扩大，政府采购市场成为国际贸易关注的重要领域，政府采购及其政策由此也开始了国际化的过程，由此也带来了各国政府间政府采购政策协调和规范的问题。据统计，“目前每年在国际贸易中以政府采购方式所使用的公共资金已超过国际贸易总额的10%”②。伴随着政府采购的国际化趋势，全球已初步形成了一些区域性乃至全球性的政府采购规则，如欧盟的《采购指令》和世界贸易组织的《政府采购协议》等。另一方面，在各国如美国和欧盟等的采购法律和政策中，又始终体现着保护民族工业、促进本国（或地区）经济发展，扶持中小企业、提高企业核心竞争力和尽可能限制他国产品进入本国（或地区）采购市场等目标③。因此，如何既适应政府采购的国际化趋势，又有效发挥政府采购的功能作用、促进各国经济社会的和谐发展，是政府采购政策力图实现的基本目标。

需要说明的是，虽然财政补贴政策和政府采购政策都是国际财政政策的重要组成，但就财政补贴政策而言，原有国家财政政策和国际贸易

---

① 许晓曦．财政补贴与外向经济发展［J］．亚太经济，2004（3）：15.

② 张小瑜．自由贸易协定中的政府采购［J］．国际贸易，2008（2）：54.

③ 沈木珠．政府采购国际趋势与我国立法之完善［J］．国际经贸探索，2006（4）：59－60.

政策（如战略性贸易政策）已对其理论地位和实践作用进行了较为深入的阐述；同时，就我国政府采购政策而言，虽然我国已拉开了政府采购国际化的序幕①，中国开放政府采购市场是不可回避的，且已具备了一定的条件，但也有学者认为，我国在目前阶段仍应尽量避免在对外经贸协定中加入政府采购内容②。因此，本书在即将展开的对中国与东盟各国财政政策协调的研究中，暂不涉及财政补贴政策和政府采购政策协调方面的内容。

二、协调与国际协调

1. 协调的含义

协调，或称和谐，是指各种物质运动过程内部各种质的差异部分、因素、要素在组成一个统一整体时的一种相互关系和属性。协调从字面上讲，就是协作、调整、配合，就是和谐、平衡、对称及统一，具有和谐一致、配合得当、相互促进和实现整体结构完善及功能优化的意义。也就是说，协调既是一个过程和状态，又是一种相互关系和属性。

首先，协调是一种整体关系和属性，任何一个孤立的个体或组成要素都无法形成协调。只有在两个或两个以上的个体或组成要素之间，才存在协调的可能。

其次，协调的各个个体或组成要素之间关系的合理有序、有机统一与和谐发展才称得上协调。

---

① 如2007年9月，由世贸组织秘书处和中国商务部主办，有中国、马来西亚、新加坡、缅甸等国代表参加的亚太经合组织成员国政府采购问题高级地区性会议在中国烟台召开，对推动政府采购政策的发展以及其在国家及地区范围内的国际合作具有重要意义（徐彬彬．亚太政府采购协定研讨会在烟台召开．中国改革报，2008年9月28日第7版）；2007年12月28日，中国政府履行承诺，向WTO秘书处递交了加入WTO《政府采购协议》的申请书和出价清单，标志着中国正式启动加入WTO《政府采购协议》谈判。

② 张小瑜．自由贸易协定中的政府采购［J］．国际贸易，2008（2）：57.

最后，协调是事物对立面的统一，是差异中的一致，不是简单的“共性”，在内容和表现上不是单一的，而是复杂多样的。

协调的实现，“是一种既能表现自己又能容忍对方的合作承受过程，协调是各种事物的对立统一，协调的办法是中庸之道”①：一是“过犹不及”，要取中正、均衡思想；二是“和而不同”，矛盾对立面的和谐是“和”，取消矛盾对立面是“同”；三是“时中”与权变，协调需要随着时间和条件的变化而变化，审时度势，灵活权变，要动态调整。

2. 国际协调的含义及内容

一般认为，国际包含着两个或多个国家、区域和全球等几个不同的层次。国际虽然强调全球范围内的合作和共同发展乃至一体化，但其核心和主体是主权国家，反映主权国家之间的关系。因此，国际协调首先就是为了解决国际经济政治关系中存在的各种矛盾和问题，各主权国家之间协作、调整、配合和实现各国间和谐一致、配合得当、相互促进的过程，以达到国际整体结构完善和功能优化的状态。缓解各国经济政治及社会利益的矛盾和冲突，维持正常的国际经济政治秩序，促进国际的和谐稳定是国际协调的基本目的，共同或联合对国际经济政治运行过程进行干预和调节是国际协调的主要特征。

从协调的诱因和具体内容来看，国际协调主要包括：

（1）体制性协调。一般认为，体制作为各国政治、经济、文化、历史等各个方面的规范体系和制度安排，在国家间往往存在着较大的差异和矛盾。国际经济政治关系的调整，始终受到各国政治、经济、历史、文化等规范体系和制度因素的制约和影响，这些制度性差异有时甚至会引发比较尖锐的冲突。因此，体制性协调就成了国际协调不得不面对的重要内容和层次。而从现实的角度来看，体制性因素和差异往往在短期内难以进行有效的调整与变革，国际协调的难度也比较大，需要各

① 孔祥毅，张中平．山西金融机制创新研究［M］．太原：山西经济出版社，2006：29.

国在长期的经济政治文化交往中求同存异，从国际经济政治关系和谐发展的高度积极开展国际交流与磋商，逐步形成或达成某种共识，在长期发展中寻求协调。

（2）政策性协调。政策性协调是基于国家间各类政策（如财政、货币、贸易及汇率等经济政策，但又不仅仅限于经济政策）之间的差异和矛盾而展开的协调，它们有着非常广泛的内容，对各国经济政治关系的影响也更为直接和明显。因此，这种政策性的差异和矛盾往往是引发国际经济政治纠纷和冲突的直接诱因和主要表现。从内容和层次的角度来看，国际协调也就主要表现为政策性协调，政策性协调在一定意义上也被看作国际协调的代名词。总体上，国家间政策性差异的调整和协作在现实中达成的难度要远远小于体制性协调，政策性差异和冲突的协调在时机的把握、力度的大小、尺度的宽严上往往存在着较大的弹性空间，实现协调的机制也更加丰富多样。

（3）机制性协调。理论上，国际协调主要有三种基本的机制：市场机制的自发协调、各国政府独立的单边协调以及在国际协商的基础上两个或多个国家、区域或全球层次的双边或多边协调。在经济全球化和一体化风起云涌的现实世界里，市场机制的缺陷需要各国政府间的双边或多边协调予以矫正，各国政府独立的单边协调也需要双边或多边协调的调和。因此，国际协调作为国际政治经济关系及世界政治经济运行过程中出现的新现象和重要影响因素，更多地表现为在国际协商的基础上两个或多个国家、区域或全球层次的双边或多边协调机制和层次。本书所说的国际协调，也主要是指这种双边或多边协调机制。

（4）策略性协调。策略性协调是一种出于最终达成协调而采取的妥协、让步等策略性行为或步骤。通常在国际协调面临较大的矛盾或陷入僵持对峙局面时需要采取不同的策略性行为和步骤以缓和可能出现的冲突。如“求同存异”“先予后取”等策略和做法。“求同存异”的“求同”，就是寻找共同思想和共同利益，这是协调的基础；而“存异”就是保留不同观点和不同利益，这是协调的条件。“先予后取”往往是从战略的全局出发，为了能够获取其他方面更大的根本性或实质性利益，不得不在某些相对次要或具体的方面有所割舍或让步，进而最终实现国际关系的缓和与妥协。

三、财政政策国际协调

综上所述，所谓财政政策国际协调，是指在世界经济相互依存和国际经济合作全面深入的前提和基础上，以各个国家、区域或国际经济组织为主体，以有效处理和调整各主体间财政利益和财政关系、实现各国经济的稳定增长和国际生产要素的合理配置、维持国际经济政治关系的和谐发展为根本目标，以国际财政视角下的政府经济活动及其财政政策为主要载体和内容，就财政政策在有关国家、区域或国际组织之间展开磋商、协作、调整、配合的过程或状态，或适当修改现行财政政策，或联合采取干预市场的政策行动，或采取一体化的政策目标及手段，消除财政政策的负面效应，促进各国经济社会的稳定和实现社会福利的最大化。

首先，财政政策国际协调，虽然其参与者包括市场经济中的各个经济主体——政府、企业、个人以及区域或国际经济组织等，但其协调主体主要是各国政府和区域或国际经济组织。一方面，国际经济合作与协调，在现实中多以政府间谈判签订协议的形式出现，并在此过程中逐步形成某些相应的区域或国际经济组织，它们共同构成国际协调处理国际经济政治关系的重要主体；另一方面，虽然微观经济主体企业和个人等也有参与财政政策协调的动机和要求，但无论在理论上还是在现实中，它们都不具备直接有效协调的能力和手段，最多只能是财政政策国际协调的需求者、推动者和实践者。因此，对于财政政策国际协调而言，不但其制定、执行的主体是各国政府和区域或国际组织机构，而且其协调主体也主要是各国政府和区域或国际经济组织。也就是说，只有依存于各国政府和区域或国际经济组织，财政政策国际协调才能形成一个统一整体，达成协调一致。

其次，源于各国和区域或国际经济组织建立过程中经济基础、政治体制、社会文化、历史等方面的不同，财政政策在各国或地区间必然存在着较大的差异甚至是冲突。而国际经济合作发展，就是要促进各国或地区间经济效应和福利的增加，实现世界经济的和谐和发展。这在客观上要求财政政策体系必须是一个协调和谐的有机体，各组成要素及其内部必须相互促进，以达到整体结构的完善和功能的优化。因此，财政政策国际协调，不仅一开始就存在于各国和区域或国际经济组织国际经济合作与交流的过程中，而且将伴随着国际经济合作的深入而不断发展。也就是说，财政政策国际协调，既是一种合作的状态和相互关系，也是一个不断发展的过程。

最后，财政政策国际协调，不是简单的调和与统一，也不能简单地归结为合并，它是在国际经济合作框架下财政政策的协作和差异中的一致。从国际财政存在形式的角度来看，财政政策协调就是与国际财政活动相适应的财政策略和措施的表现形式和存在状态，是走向共同财政政策或政策一体化的基础和前提。也就是说，没有财政政策的协调，就不可能有共同财政政策或政策一体化，共同财政政策或政策一体化可以看作是发展了的高级的财政政策协调形式。在这个意义上，财政政策国际协调本身就是一个不断发展和完善的历程，就是通过对财政政策的不断协作、调整、配合，实现国际财政政策体系本身及其与国际经济合作的有机体统一、和谐的状态。因此，它不是国际财政政策的简单统一，而是要通过财政政策在各主体间的不断协作、调整和配合，发挥财政政策在国际经济合作中的重要作用，推进国际资源配置效率和公平的实现。

第二节　财政政策国际协调的重要性

财政政策国际协调，是国际财政研究的拓展和实证，是国际经济合作与协调全面深入和发展的客观要求和重要内容，是有效解决财政政策溢出效应的根本途径，也是国际政治经济相互依存的结果与反映。

一、财政政策国际协调是国际财政最重要的存在形式

从国际财政产生与存在的理论和现实基础出发，国际财政存在的意义就是矫正国际市场的失灵和实现各国财政的协调与合作。同时，由于当前并没有一个真正有效的世界权力机构，也就不可能有一个制定、颁布和执行国际课税和支出方案的“国际财政当局”，更不可能形成一个有效的世界范围内的全球财政政策。因此，国际财政只能采取多国财政合作的存在形式①。根据合作的程度，国际上多国财政的合作方式大致为财政协调（Fiscal Coordination）、财政同盟（Fiscal Union）和财政一体化（Fiscal Integration）②。其中，“财政协调是以既有国家主权为基础的国际财政合作形式，是国际财政合作最初也是最重要的形式，它强调财政合作的自愿性和协商性，如现有的各种国际税收协定等；财政同盟更多地以部分国家主权的让渡为前提，它强调财政合作的一致性和强制性，往往是区域经济共同体中较高级的合作形式，如欧盟内部废除关税、统一增值税等；财政一体化则以国家财政主权的完全让渡或消失为条件，实行超国家财政干预，它是最高级的财政合作形式，但由于其缺乏现实性，所以更多地成为一种理想化的财政合作形式”③。从国际协调的诱因与内容来看，财政协调包括财政政策协调是当前国际财政最重要的存在形式，财政政策国际协调是国际财政在现实实践中最重要的内容。

首先，受经济基础、政治体制和社会文化和历史等因素的制约，各

① 赵仁平．论国际区域财政研究的基本框架［J］．云南财经大学学报，2007（4）：61－64.

② 董勤发．国际财政研究［M］．上海：上海财经大学出版社，1997：11－12.

③ 赵仁平．论国际区域财政研究的基本框架［J］．云南财经大学学报，2007（4）：61－64.

国政府和区域或国际经济组织的财政政策客观上有着不同的内容和特点，存在着巨大的差异、矛盾和冲突。国际经济合作，客观上要求消除各主体间财政政策冲突对国际经济合作发展的阻碍。推进各国政府间的财政政策协调，不仅是国际财政存在的现实内容和表现，还是各国政府经济合作特别是区域或国际经济组织建立的最初动机。

其次，从国际财政研究的内容和存在形式来看，它虽然涉及一个庞大的内容体系和框架，但无论是国际税收、国际债务、国际投资、国际援助、财政补贴、政府采购等方面的制度安排，还是各国财政政策间的相互影响和关系，其要求和重点都在协调上。在国际财政存在的三种形式中，虽然财政同盟和财政一体化是区域经济一体化的目标和理想，但在现代主权国家占据绝对主导地位这一现实中，财政协调特别是财政政策协调不仅是其最初而且是其最重要的存在（没有也不可能有脱离财政协调这一基础的财政同盟和财政一体化）。因此，国际财政研究一般是围绕着财政政策协调来展开的，财政政策协调是与国际经济合作相适应的国际财政存在的主导形式和具体表现，也是国际财政研究的重点和核心。

二、财政政策国际协调是消除财政政策溢出效应的根本途径

财政政策溢出效应，是指某个国家或区域实施的财政政策会对其他国家或区域产生积极或负面的经济影响①。它主要有微观经济效应和宏观经济效应两个层面：前者是指财政政策的实施带来经济资源配置效率的扭曲或下降。现实中，各国或区域财政政策的矛盾和冲突往往会使资本等生产要素流动发生扭曲，从而降低资源配置效率形成溢出效应。后

① 在国际经济政策溢出效应的理论分析中，一般认为财政政策的溢出效应是负向的；同时，大多数的实证分析也表明了这种负向效应的存在（参见成新轩．欧盟经济政策协调制度的变迁［M］．北京：中国财政经济出版社，2003：169）。

者是指财政政策的实施对宏观经济社会稳定与发展的影响。财政政策的宏观溢出效应，突出地体现在各国的财政政策取向上。各国的财政政策，有从供给和需求的角度着手的供给侧财政政策和需求侧财政政策，有从影响国民经济总量的角度的扩张性财政政策或紧缩性财政政策，它们都是通过调整政府收入和政府支出以及预算管理体制等实现对经济的调节。“为了使溢出效应内在化，必须对各国或区域的财政政策进行一定程度的协调”①。

具体而言，当财政政策的扩张或紧缩的效应影响到它国时，就需要考虑政策的协调问题。比如，当某国实行紧缩性财政政策，往往会导致进出口和总需求的减少，进而影响到向该国出口产品国家的总需求。特别是在国际贸易相互依存度较高的国家之间，这种溢出效应将会十分明显。或者当一国政府为弥补赤字而在国内外市场发行债券或借款时，就会对本国利率或其他国家的利率产生影响，从而对各国的汇率和货币政策的变动带来冲击。特别是政府财政赤字规模或对资金需求量比较大时，这种溢出效应也会随之扩大。“如果从财政赤字只能通过货币扩张进行融资的意义上来说，财政赤字是不能持续的，它会引发许多问题，财政政策溢出效应甚至会动摇货币协调体系”②，财政政策协调因此成为解决溢出效应的重要方式和途径。

此外，“财政政策协调也有助于为那些财政过度溢出的国家创造更有效的反周期政策，恰当地利用溢出效应能够从中获取协调利益”③。适当程度和形式的财政政策协调对于国际经济合作而言都是必需的，溢出效应是决定财政政策国际协调的根本因素，同时也是财政政策国际协调的意义所在。

---

① 成新轩．欧盟财政政策协调分析［J］．世界经济，2003（5）：41－46.

② 范祚军，唐奇展．CAFTA 框架下宏观经济政策协调的理论分析——CAFTA 进程与宏观经济政策协调研究系列论文之一［J］．广西大学学报（哲学社会科学版），2004（6）：64－67.

③ 同上。

三、财政政策国际协调是国际经济合作的基本内容和重要路径

国际经济合作是以国际经济协调为基础的全球经济一体化发展的资源配置过程与发展趋势。国际经济合作，主要是基于各国宏观经济基础、政策差异等背景下，通过技术交流、信息共享、加强经贸联系等较普遍的方式实现各国经济福利的同时增长，并对各国相互影响的财政货币政策等宏观经济政策进行尽可能的协作、调整和配合，寻求使各协调国均能接受同时又保证各参与国整体经济福利趋于最大化的政策。可见，财政政策国际协调，是国际经济合作的基本内容，是实现国际经济合作的重要路径，也是各国经济外向性不断增加、财政政策“溢出性”特征日益明显的必然结果。就单独一国来讲，维持国内资源配置的高效、就业与物价的稳定以及国际收支的平衡是其经济发展的长期目标。这个目标在财政政策的“溢出”效应可忽略不计时，各国能够通过国内财政政策及其与货币政策的调整来实现内外目标的均衡。但在一国经济政策很大程度上影响他国经济发展同时又受到他国影响时，对其中存在目标冲突的财政政策以及其他宏观经济如货币政策等进行协调就显得至关重要了。

国际经济合作特别是区域或国际经济组织的形成和发展，始终和政府的主动推动并缔结相关协议直接相关，表现为政府推动、监督和仲裁各类经济贸易协定实施的过程。同时，各种区域或国际经济组织的构建，不仅直接影响着各国政府财政利益，还对各国政府财政政策的协调提出了要求。在各国相互谈判签订各类协议的过程中，作为一种政府主导的制度安排行为，不可能不涉及财政政策协调。而事实上，一个不涉及各国政府财政利益和财政政策的经济贸易协定并不存在，财政政策协调不仅一开始就是国际经济合作特别是区域或国际经济组织谈判和关注的重要内容，而且在一定意义上还是各类经贸协定能否达成和付诸实践的关键所在。在这个意义上，我们可以说，财政政策国际协调就是国际

经济合作特别是区域或国际经济组织制度体系的重要内容和实现路径。

从本质上说，国际经济合作特别是区域或国际经济组织的体制和条约机制，没有彼此的协调、妥协和让步就无法实现。财政政策作为国际经济合作的重要内容，财政政策国际协调的意义也因此而奠定。

四、财政政策国际协调是国际经济相互依存的要求和客观反映

相互依存理论“是研究相互依存关系，揭示其发展规律的国际关系理论。国际政治中的相互依存是指以国家为基础的国际行为主体之间的一种互联互动、相互制约、相互影响的关系”①。20 世纪 70 年代以来，相互依存理论在现实世界中得到了充分的展示：国际经济的相互依存不断加深了政治上的相互依存；而国际政治上的和平共处又反过来促进了经济的相互依存，世界经济日益政治化和世界政治的经济化相得益彰。

国际经济合作的发展，或起源于经济上的相互依存不断加强，但却是由以政府谈判签订协议的形式达成和开始的，或体现于国际政治合作的需要，但形成后却更多地让位于经济的合作，甚至还有许多非传统因素的影响。总体看来，国际经济合作始终没有脱离经济关系政治化和政治关系经济化这一框架模式，深刻地表现了相互依存的现实。在这一背景下，财政政策国际协调不仅是一种政府经济行为和表现，还是国际经济政治合作的重要内容，是经济合作政治化和政治关系经济化最为直接的表现。各国财政政策的制定和实施，既受制于其他国家的财政政策取向和举措，同时又会对其他国家的财政政策产生影响，财政政策国际协调表现为经济上的合作和政治上的和谐，是相互依存理论在国际经济合作与协调中表现最为充分的一个重要领域。

① 霍伟东．中国—东盟自由贸易区研究［M］．成都：西南财经大学出版社，2005：35 - 36.

第三节　财政政策国际协调的目标与形式

财政政策国际协调，有其特定的目标和表现形式，它们不仅是财政政策国际协调的方向和指南，还关系着财政政策国际协调的实现程度，是财政政策国际协调不可或缺的有机组成。

一、财政政策国际协调的目标

财政政策国际协调的目标，本质上就是国际经济合作和各国宏观经济的目标。它们不同程度地表现在国际经济、政治、社会等各个领域，集中地显现在参与协调的各经济体财政利益与财政职能的实现和共同福利的最大化上。

从推进国际经济合作与国际财政发展的角度，财政政策国际协调的目标主要表现在：

1. 促进贸易和要素流动，实现资源的有效配置

在开放经济条件下，国际贸易被称为经济发展的引擎，要素流动被认为在全球范围内合理配置资源的有效手段。国际经济合作，首先就是要实现区域范围内的自由贸易，带动和促进资本等生产要素流动，并以此作为促进经济发展的有效手段。而要想达到促进国际贸易发展与生产要素流动的目的，财政政策协调具有非常重要的意义。因为贸易自由化和生产要素流动的背后，涉及的是各国政府的财政利益的分配和财政关系的和谐，财政政策协调就成为影响和实现国际贸易和生产要素流动的重要因素。

2. 改善收入分配格局，促进社会经济公平

国际经济合作，不仅要谋求区域资源的优化配置和经济效率的提

高，还要力图改善不合理的国际收入分配格局。其中，财政政策国际协调不仅是各国政府间财政利益和分配关系的调整，还是财政的收入分配职能超越国界改善国际收入分配格局的体现。一方面，财政政策协调可以使各国政府更为有效地利用区域社会经济资源促进本国经济发展，最终实现国民收入分配状况的根本改善；另一方面，国际援助政策等的国际协调又在一定程度上直接改善了收入分配格局，从而有助于国际经济社会公平的实现。

3. 促进国际经济稳定和福利提高

促进国际经济的稳定发展和整体福利水平的提高，是各国政府参与国际经济合作的主要目的所在，也是财政政策国际协调最重要和最具战略性的目标。从现代政府经济职能的角度来看，除了微观上实现资源配置效率和收入公平分配以外，在宏观上就是要保证和促进经济的稳定和福利水平的提高。同时，政府经济职能往往也影响和制约着其他相关职能。因此，政府在国内外都会采取很多措施来促进经济的稳定发展和整体福利的增加。其中，实现财政政策国际协调就是政府可供选择的重要措施之一，其目的最终也是分享全球化或区域经济一体化带来的整体效应，促进经济的稳定和福利水平的提高。

4. 积极防范和控制区域财政风险

财政赤字是当今世界的普遍现象，财政困难在不同国家和地区不同程度地存在着，现实的和潜在的财政风险不仅关系到政府经济活动和行为的开展，而且关系到各国政治的稳定和社会经济的发展。全球化或区域一体化的发展历程中，各国经济社会发展中存在的引发财政困难和财政风险的因素并没有消除；同时，受各国经济发展水平和财政政策差异的制约，各国财政关系和财政分配格局将因此发生变化，造成一国财政困难和财政风险的加大将直接影响和波及世界其他各国，甚至引发区域或全球范围内的财政困难和财政风险。因此，财政政策国际协调，不仅是解决各国财政分配和财政关系不和谐的需要，还可以在区域或国际经济组织层次上逐步建立一种防范和抵御财政风险的机制。

5. 促进国际政治经济关系的和谐与发展

在相互依存的现代世界里，经济的政治化和政治的经济化是其重要的表现和特征。财政政策国际协调，是各国政府经济合作的突出表现，虽然这种在经济活动领域的合作首要的目的是谋求国际经济的协调与发展，但财政政策协调本身所具有的政治性以及由此可能带来的政治上的不断开放与合作①，有利于促进和实现国际政治经济关系的和谐与发展。

总之，财政政策国际协调，就是要完善各国政府经济合作机制和政策安排，协调各国财政利益和财政关系，促进国际社会的和谐稳定和经济福利水平的提高。这是一个包含不同层次和不同利益在内的目标复合体，而且在不同时期其侧重点还会有所不同。

二、财政政策国际协调的形式

财政政策国际协调，具有不同的层次和形式，表现了财政政策国际协调的不同内容和存在。

1. 协调的层次

财政政策国际协调，既包括政策目标的协调，又包括政策手段和工具的协调。从财政政策及国际协调的角度，财政政策国际协调可以分为财政政策体系内部的协调、各国财政政策之间的协调以及基于区域或国际经济组织的财政政策协调三个层次：财政政策体系有着丰富的内容和不同的功能，它既包括在国家财政视角下的财政政策的构成内容和机制，又包括在国际财政视角下的财政政策的特殊性，是国家财政视角下的财政政策和国际财政视角下的财政政策的有机统一与协调；各主权国家基于各国财政政策之间的矛盾和冲突的调整与协作，是财政政策国际协调的主要内容；而随着国际经济合作的推进，区域或国际经济组织的

① 这在欧盟经济合作走向政治合作的一体化路径中可以得到直接的启示。

财政政策协调是一种更为广泛而深入国际协调，甚至影响着未来财政政策国际协调的发展方向。

而根据协调的程度，财政政策国际协调可分为以下几个层次：

（1）信息沟通与交换。各国政府相互交流本国财政政策目标、重点、手段和政策组合等信息，为各国财政政策选择和执行提供信息支持，但各国在政策决策、执行层面仍由各国独立、分散地进行。

（2）危机应急处置管理。针对各国或区域经济中出现的突发性、存在着巨大外部冲击的事件，各国在财政政策上根据相关预案和处置惯例，采取非常措施进行政策的协调，以共同缓解或渡过危机。这种协调往往以各国之间的应急处置预案为基础，以临时协议为存在形式。

（3）避免政策目标的冲突。各国在财政政策的制定、执行和调整中，避免针对某一共同目标或中介目标的政策冲突而在财政政策方向和政策手段选择上进行共同协调。

（4）部分或全面协调。各国将影响经济的某一政策目标和工具或所有政策目标和工具纳入协调范围进行协调，自愿采取某一特定的财政政策原则或措施，最大限度地获取财政政策协调的收益，实现整体福利最大化①。

2. 协调的形式

财政政策国际协调，就是对财政政策不同层次和内容的协调。一般而言，财政政策国际协调的形式可以分为主动性协调和被动性协调。所谓主动性协调，是指各经济主体积极自主地推动财政政策协调的措施和行动，是对各国和世界经济发展潮流的主动把脉和战略决策，是具有预见性或目的性的自愿的行为。而被动性协调，是指各经济主体消极被动地调整各自财政政策的措施和行动，往往表现为应对各国经济社会发展

① 这里对财政政策国际协调层次的表达，是基于对国际经济政策协调层次的一种借鉴（参见刘宁宁．欧洲经济货币联盟政策协调机制研究［M］．北京：经济科学出版社，2006：11）。

和世界经济潮流的权宜之计，是一种不得已而为之意义上的合作态度和行为。当然，从区域或国际经济组织合作的角度来说，它本身就是一种在区域范围内得到认可、接受和遵循的，不管是主动的还是被动的协调，财政政策国际协调对于实现各国、区域或全球经济的稳定和福利的增长都具有积极的意义。

具体而言，财政政策国际协调的基本形式主要有：

（1）各国财政政策制定和调整。各国财政政策制定与调整是指各国根据政策目标通过自主制定和调整本国财政政策，使国内财政政策适应国际经济发展的潮流，进而促进和实现财政政策国际协调。它既可以表现为各国财政政策制定和协调的单方面行为，也可以是在区域或国际经济组织提出的有关原则或指导性建议下的被动调整或改变，但始终以强调各国自主性和尊重各国主权为基础。其特点是单方面行为、自主性协调，不直接涉及其他国家的财政关系。

（2）政府首脑（包括政府各部门行政首长）会议联合宣言和协定。政府首脑（包括政府各部门行政首长）会议和互访是国际经济协调的重要形式，也是财政政策国际协调的重要形式。通过政府首脑会议和互访签署有关财政政策协调的联合宣言和协定，其特点是在尊重各自主权和财政政策现状的基础上，简单、明了地表明有关国家的原则和立场，达成财政政策协调的共识、行动准则和规范。

（3）区域或国际经济组织及协议的协调。区域或国际经济组织及协议的协调是指在区域或国际经济组织的框架下的多边的、国际性的、制度化的协调，它往往是在区域或国际经济组织甚至是在某种超国家机构下以达成和签署有关财政政策方面的共同协议而存在的一种协调形式，是实现财政政策国家间以及与其他经济政策间矛盾及冲突的调整与协作的重要形式。这种协调对于财政政策国际协调的最终实现具有重要的意义，但它客观上不同程度地要求各国在国际经济合作中采取较为一致的财政政策战略和措施，甚至要求参与区域或国际经济组织的各成员国以让渡一定的主权为条件，因此，它又是一种发展中的高级协调形式，对实现财政政策的有效协调具有重要意义。

总体而言，财政政策国际协调有着不同的表现形式，各种形式有着不同的优点，也不同程度地存在着不足。因此，适应国际经济合作的进程，采取合适的协调形式，是促进财政政策国际协调的关键。

第四节 财政政策国际协调的机制原理

财政政策国际协调既是作为一种手段的协调，又是作为一种目的的协调。无论采取何种形式，都是通过一定的机制进行的。财政政策国际协调，就是开放经济下政策协调的具体表现，就是各国在财政政策领域的一种博弈行为。

一、开放经济下的政策协调原理

当代国际经济的发展，形成了一个不同范围不同层次的开放经济格局。“开放经济下的政策目标包括内部均衡和外部均衡两部分，两者是相互影响的”①。在开放条件下，直接影响开放经济的内在稳定性和合理开放性的变量很多，这些变量之间通过各种机制而发生着复杂的联系。20 世纪 50 年代以来，“丁伯根原则”与政策指派的“有效市场分类原则”等理论的出现，使开放经济的政策调控和政策协调因此获得了前所未有的发展。

1. 政策协调的“丁伯根原则”

荷兰经济学家丁伯根（J. Tinbergen）最早提出了将政策目标和工具联系在一起的模型，指出“要实现 N 个独立的政策目标，至少需要相

① 曲如晓，闫庆悦. 新编国际经济学 [M]. 北京：经济管理出版社，2004：201.

互独立的 N 种有效政策工具”①。

一个简单的丁伯根原则的线性框架是：“假定只存在两个目标 T_1、T_2 与两种政策工具 I_1、I_2，政策调控追求的 T_1 与 T_2 的最佳水平为 T_1^* 与 T_2^*。”② 令目标是工具的线性函数，即：

$$T_1 = a_1 I_1 + a_2 I_2$$

$$T_2 = b_1 I_1 + b_2 I_2$$

“只要决策者能够控制两种工具，每种工具对目标的影响是独立的，决策者就能通过政策工具的配合达到理想的目标水平”③。

只要 $a_1/b_1 \neq a_2/b_2$（即两个政策工具线性无关），就可以求出：

$$I_1 = (b_2 T_1^* - a_2 T_2^*)/(a_1 b_2 - b_1 a_2)$$

$$I_2 = (a_1 T_2^* - b_1 T_1^*)/(a_1 b_2 - b_1 a_2)$$

这意味着 I_1 和 I_2 对 T_1 和 T_2 的实现有着不同的影响且相互制约。如果决策者只有一个独立的政策工具而试图实现多个政策目标，显然是不可能的。这一结论指出了应运用 N 种独立的政策工具进行配合来实现 N 个独立的政策目标，从而提出了政策协调对于政策目标实现的重要意义。

在全球化或一体化的历史进程中，国际经济合作涉及不同层次，有着众多的政策目标：既有促进贸易、扩大投资和公平分配的需要，又有实现经济增长和发展的要求；既有扩大市场参与适应区域一体化的追求，又有出于国家利益和安全的考虑；既有传统经济和政治上的利益表现，还有一些甚至不能公开承认的目标④。根据丁伯根原则，要实现多个政策目标，不仅需要多个政策工具，还需要政策工具间的紧密配合。具体到参与国际经济的各国政府的经济活动和财政领域，不仅满足丁伯

---

① 曲如晓，闫庆悦．新编国际经济学［M］．北京：经济管理出版社，2004：201.

② 曲如晓，闫庆悦．新编国际经济学［M］．北京：经济管理出版社，2004：205.

③ 同上。

④ Maurrice Schiff，L. Alan Winters. 区域一体化与发展［M］．北京：中国财政经济出版社，2004：4.

根原则的政策工具由政府或区域经济组织这个政策主体集中控制的假定，而且其本身就是一个包含多种政策工具的集合。因此，国际经济合作目标尤其是各国财政政策目标的实现，关键就在于各国财政政策的协调。

2. 政策指派与“有效市场分类原则”

虽然丁伯根原则提供了政策协调意义的阐述，但该规则是假定各种政策工具可以供政策制定者或政策主体集中控制的，而且也没有对每种政策工具在调控中是否侧重于某一具体目标作出明确的界定。这显然与实际情况不尽相符。针对这种缺陷，蒙代尔（R. Mundell）提出了政策指派的“有效市场分类原则”。在许多情况下，不同的政策工具实际上掌握在不同的决策者手中，例如货币政策隶属于中央银行，而财政政策则由财政部门负责，如果决策者不能紧密协调而是独立进行决策的话，就难以达到最佳的政策目标。因此，“如果每一工具被合理地指派给一个目标，并且在该目标偏离其最佳水平时按规则进行调控，那么在分散决策的情况下仍有可能得到最佳调控目标”①。至于每一政策工具如何指派给相应目标，蒙代尔提出了“有效市场分类原则”，其含义是：“每一目标应指派给对这一目标有相对最大的影响力，因而在影响政策目标上有相对优势的工具。如果在指派问题上出现错误，则经济会产生不稳定性距均衡点越来越远”②。根据蒙代尔的“有效市场分类原则”，财政政策和货币政策对各国或区域经济的影响各不相同，货币政策主要用以实现外部均衡，而财政政策主要用以实现内部均衡。

蒙代尔的“有效市场分类原则”的政策指派方案，与丁伯根原则共同构成了开放经济下政策调控和政策协调的基本思想：针对不同的政策目标，确定不同政策工具的指派对象，并尽可能地进行协调以实现政策目标的均衡。而这一思想，也指明了财政政策协调对于国际经济合作

① 曲如晓，闫庆悦．新编国际经济学［M］．北京：经济管理出版社，2004：204.

② 曲如晓，闫庆悦．新编国际经济学［M］．北京：经济管理出版社，2004：206.

目标实现的意义：财政政策就是一个实现国际经济合作目标的政策工具，它对于各国政府财政目标及职能的实现具有明显的比较优势。而借助财政政策安排去得到最佳调控目标，就要求其尽可能地协调。

二、财政政策国际协调的博弈分析

开放经济下的政策协调原理，奠定了财政政策国际协调的基本思想和基础。财政政策国际协调，表现为各经济主体的财政政策在不同层次上的协作、调整与和谐，目的是寻求和实现各国、区域或国际经济组织财政政策的均衡。这种协调，就是参与国际经济活动的各主体的一种相互依存和博弈行为。因此，我们可以利用博弈论分析方法来阐述财政政策国际协调的原理。

1. 经典的哈马达模型

博弈论（Game Theory）是研究理性的决策主体之间在其行为发生冲突时的决策方法以及实现决策均衡的过程，因为决策主体之间的行为是相互影响的，所以，决策主体的任何决策都必须考虑其他决策主体的反应。在相互依存的现实世界里，各国财政政策协调的外部性越来越明显，各国财政政策的制定和选择过程就好似一局博弈：各国在制定和实施财政政策时，必须要考虑其他国家的财政政策以及将会采取的政策措施及改变，最终决策而这种决策取决于各方参与博弈的意愿、程度以及相互影响的大小。

20 世纪 70 年代，滨田宏一（Hamamda，1974；1976；1979）对国际协调策略进行了分析：“将协调博弈定义为政府使其福利函数最大化，非合作博弈是政府在假定他国政府行为已知的条件下使自己的福利函数最大化”①。这个简单动态博弈为：

---

① 需要指出的是，滨田宏一的经典分析是基于货币领域国际协调策略的研究，这里将这种分析运用到财政政策协调策略上。

$$\mathrm{Min}L_j = w_j(x_j, u_j, u_i)$$

条件是：

$$x_j = f(x_j, u_j, u_i)$$

其中，L 是冲突引起的损失函数，x 是国家变量向量；u 是控制变量或政策工具变量。

在非合作均衡中，政策制定者是局中人，每个局中人都假定其他局中人的政策工具是已知的，而使自己的损失函数最小化。均衡可以通过解决第一序列条件获得：

$$\frac{dL_j}{du_j} = 0(\text{对于所有的} j)$$

假定所有国家都是对称的，它们会选择同样的政策工具路径，所以设定 $u_j = u_i$，在第一序列条件下取得纳什均衡，将其带入损失函数可以得出纳什损失。在合作均衡下，每个国家是将国内政策主权交给了单个"局中人"，这个"局中人"假设具有功利的社会福利函数，"局中人"会使其福利函数加量权最小化，即政策工具将满足下列第一序列条件：

$$\frac{dL_j}{du_j} + \sum_{i \neq j} \frac{dL_j}{du_j} = 0$$

再将 $u_j = u_i$ 代入上述第一序列条件，得出效率均衡，将其代入损失函数，得出效率损失。在这个简单的框架下，可以看到，"每位局中人在合作解中的损失函数比纳什均衡解中的损失函数小"①。

由此，根据哈马达模型的分析，如果两国进行政策合作和协调，就能大大改善非合作条件下的政策处境，实现合作均衡。"在双方达到合作均衡时，任何单方面的毁约行为都将招致另一方的严厉报复而使双方利益蒙受更大的损失。与非合作相比，通过政策协调，博弈双方的福利水平得到更大的提高。因此，国际经济政策不协调是无效率的，而通过

---

① 刘宁宁．欧洲经济货币联盟政策协调机制研究［M］．北京：经济科学出版社，2006：16.

国际经济政策的协调可以达到帕累托效率”①。

2. 基于公共产品提供的政策博弈分析

从财政政策国际协调的意义和作用的角度出发，我们可以把财政政策国际协调看作是一种区域性或全球性的公共品②。“假定有两个参与财政政策协调的主体 A 和 B，它们的初始禀赋分别为 a 和 b，从协调中得到的收益分别为 c 和 d（假定 c 和 d 都大于 0），面临着协调还是不协调这两种选择；又假定任何一方单独决策时的协调成本为 e，如果双方共同协调，则平均分担协调成本（即各为 e/2）”③。只要 $a-e\geqslant 0$、$b-e\geqslant 0$ 和 $c-e\geqslant 0$、$d-e\geqslant 0$④，则它们面临的支付矩阵如图 1-1 所示。

		B 不协调	B 协调
A	不协调	a,b	a+c,b+(d-e)
A	协调	a+(c-e),b+d	a+(c-e/2),b+(d-e/2)

图 1-1　财政政策协调的博弈分析

图 1-1 表明：如果 A 选择协调，B 的最优选择是不协调，因为 $b+d>b+(d-e/2)$；如果 A 选择不协调，B 的最优选择却是协调，因

---

① 刘宁宁．欧洲经济货币联盟政策协调机制研究［M］．北京：经济科学出版社，2006：16.

② 区域性或全球性公共品是公共品理论在区域一体化和全球化背景下的推广和应用。全球性公共品是 20 世纪 90 年代以来在国际政治经济关系中备受关注的问题之一，是公共品理论在全球性问题的推广与应用，是国际经济合作与国际政治关系协调在理论上的反映，具有公共品的基本属性和“自愿、谈判、契约与俱乐部产品”等特性（平新乔．全球性公共品（GPG）及其我们的对策（上）［J］．涉外税务，2002（10）：12-14）。

③ 赵仁平．中国—东盟自由贸易区财政制度协调［M］．北京：经济科学出版社，2010：61.

④ 这一条件主要是强调任何一方都有提供这种公共品的能力，协调是博弈双方经济人理性的体现，即协调的有效性。

为 $b+(d-e)\geqslant b$。同样，如果 B 选择协调，则 A 的最优选择是不协调，因为 $a+c>a+(c-e/2)$；如果 B 选择不协调，则 A 的最优选择就是协调，因为 $a+(c-e)\geqslant a$。A 或 B 的最优选择恰好都是和对方的决策相反的选择。

（1）囚徒困境并不总是出现。考虑 A 和 B 各自独立决策，它们之间没有任何外部援助和相互交流的机会，且每个参与者只有一次机会。在图 1-1 中，如果 A 和 B 都同时采取不协调策略，那么两国的收益明显要小于一方协调而另一方不协调的情况，这个收益对各自来说都是次优的。因此，当每个博弈者都采取自认为是理性的不协调策略时，囚徒困境就会出现（a，b)，表现了集体行动过程中个体理性与集体理性的背离。但是，对于 A 或 B 而言，传统的囚徒困境并不总是出现，除非 A 或 B 一开始就都选择不协调。实际上，对于 A 或 B 而言，囚徒困境并不是其唯一的均衡。尤其是考虑到国际经济合作与协调的现实，A 和 B 往往不会持不合作的态度而一开始就选择不协调，因此，囚徒困境并不总是出现。

（2）负责任的单个主体行为。考虑非零和博弈的情形、信息的相互交流和重复博弈[①]，那么对于 A 或者 B 单个主体而言，它们各自的最优选择就是在考虑对方的决策之后做出的与对方的决策相反的选择。虽然这一结论仍没有形成唯一稳定的均衡，但它至少避免了陷入囚徒困境的可能性。而最具理论意义的是，由于不管 A 或 B 如何选择，只要给定其中一方的选择，那么另一方的最优选择就是既定的。显然，这种博弈会产生对各博弈方不同的两种博弈均衡的结果，对于 A 而言，要么

---

① 这是一种更符合经济全球化和区域经济一体化现实的情形。非零和博弈同时包含矛盾与合作的因素，达到一个效用总和相对更高的结果是符合参与者的共同利益的，这是区域经济一体化不断发展过程中国际经济合作关系存在并不断深化的基础。但是在效用总和中所占份额的问题上，参与者的利益存在矛盾，在这种既矛盾又合作的情况下，非零和博弈可能是合作性的，也可能是非合作性的。然而在国际经济关系中，即使是非合作博弈，博弈双方面临的并非一定是“囚徒困境”，因为在国际经济关系中的博弈是重复的，并且允许博弈双方进行充分的信息交流。

是（a+c），要么是（a+c−e），对于B而言也是如此。究竟是哪一个均衡结果出现可能取决于行为主体的实力、信息的质量或在谈判过程中主体的妥协程度。也就是说，这种博弈下虽然会形成协调格局的出现，但协调的关键障碍在于收益的分配问题。

在这一均衡中，对于整体来说，A或B都可能充当协调的主导者或者以一个负责任的主体的角色出现，它们都可能会为财政政策的协调作出贡献，而不是纯粹选择免费搭乘，甚至还有可能愿意选择让别人搭乘。或者说，在这种情形中，如果单方面的协调行为也可以实现财政政策国际协调的话①，那么协调的局面就会（不同程度地）存在；而一旦财政政策国际协调局面的形成，即便是选择不协调的主体，它依然可以免费搭乘而获取协调带来的收益，总体看来，这是符合帕累托效率的。这一结论不仅说明了国际经济合作与协调在现实中的不断勃兴，而且和国际经济合作中一国尤其是大国的倡议并在一定程度和范围上率先让步、妥协和合作的现实基本相符。

（3）一致行动。在负责任的单个主体行为中，我们没有考虑参与协调的两个主体A和B同时选择协调的情形。实际上，在国际经济的相互依存中，这是一种更为积极和现实的情形，参与博弈的主体不会选择纯粹做一个免费搭乘者，即使上面的分析表明单个主体选择免费搭乘可能是最优的选择。也就是说，如果A选择协调，B也选择协调的话，它们的收益分别是 $a+(c-e/2)$ 和 $b+(d-e/2)$。

有意思的是，我们发现，在双方都选择协调的共同行动和负责任的单个主体行为中，虽然A和B的收益有所不同，但对于整体而言，两种情况下的总收益是一样的，即 $[a+(c-e/2)]+[b+(d-e/2)]=[a+(c-e)]+(b+d)=(a+c)+[(b+d)-e]=[(a+c)+(b+d)-e]$。

① 只要 $a-e\geqslant0$ 和 $b-e\geqslant0$ 这一条件成立，按照布坎南自愿解的解释（只要公共产品的提供还有未穷尽的利益，那么理性的个人都会选择提供公共产品，直到所有的利益被穷尽为止），这种单方面的协调行动就是理性的。

由此，我们看到，负责任的单个主体行为还隐含着对不同收益分配格局协调的问题，这种不同收益格局进一步博弈的结果，就可能是趋向于在国际经济稳定发展框架下实现共同行动和协调，从而使各国的收益分配进一步走向公平和合理化。或者说，负责任的单个主体行为可能是一种短期的协调均衡结果，而共同行动则是国际经济合作的一种长期必然和均衡。

综合看来，财政政策国际协调就是一种协调博弈①。虽然存在着陷入囚徒困境的可能性，但负责任的单个主体行为和参与全部经济行为主体的共同行动的结果都是财政政策国际协调。虽然在直观上负责任的单个主体行为的整体收益也等于共同行动协调的结果，但可以预料的是，共同行动所引致的协调要比负责任的单个主体行为稳定，并构成财政政策国际协调收益的公平分配机制，其长期整体效应会更好。

① 库珀指出，协调博弈并不单纯停留于对局人之间的冲突，相反，在协调博弈类型中，信心和预期是关键因素。尤其是在均衡中将会观察到，协调失败的可能性产生于自我加强的悲观预期（参见［美］罗素·W·库珀．协调博弈——互补性与宏观经济学［M］．张军，李池，译．北京：中国人民大学出版社，2001，P. VI）。在财政政策国际协调博弈中，这一点显得特别重要。

第二章

中国与东盟国家财政政策协调现状

立足于财政政策国际协调的理论分析框架，以中国与东盟国家的经济交流与合作为载体，全面梳理和分析中国与东盟国家财政政策协调的进展及存在的问题，是探索和促进区域财政政策有效协调最重要的现实基础。

第一节　中国与东盟国家经济交流与合作

中国与东盟各国或山水相连，或隔海相望。在漫长的历史长河中，中国和东盟国家的经济、政治、文化交流源远流长。伴随着当代国际经济合作的滚滚浪潮，中国和东盟国家都加快了区域经济协作的步伐，并取得了显著的成效。

一、东盟国家经济社会发展现状

东盟是东南亚国家联盟（Association of Southeast Asian Nations, ASEAN）的简称，成立于 1967 年，包括印度尼西亚、新加坡、泰国、菲律宾、马来西亚、文莱、越南、缅甸、老挝和柬埔寨十国。东盟各国经济发展水平、社会制度和文化差异等都较为明显。新加坡、泰国、马来西亚、印度尼西亚、菲律宾和文莱六国经济相对较发达，而越南、缅甸、老挝和柬埔寨四个新成员国经济相对落后。依照各国人均 GDP 水平，可以分为四个层次：2017 年，新加坡人均 GDP 为 5.5 万美元，文莱人均 GDP 超过 3.3 万美元，属高收入国家，处于第一层次；马来西亚和泰国属中高收入国家，人均 GDP 分别为 10527 美元（2016 年）和 6246 美元（2017 年），处于第二层次；印度尼西亚、菲律宾处于第三层次，属中低收入国家，2017 年人均 GDP 分别为 3935 美元和 3593 美元；越南、老挝、柬埔寨、缅甸则处于第四层次，属低收入国家，人均

GDP分别为2385美元（2017年）、2472美元（2016—2017财年）、1480美元（2017年）和1291美元（2015—2016财年）。东盟各国最高收入国家与最低收入国家人均GDP相差40余倍。

在东盟内部，存在着多种政治体制。各成员国都是多民族国家，地理、语言和宗教信仰呈现出多样性特征。印度尼西亚、缅甸等国的民族都在100个以上；既有城市国家（新加坡），又有群岛国家（印度尼西亚、菲律宾），还有典型的内陆国家（老挝）；民族语言种类繁多，印度尼西亚有民族语言200余种，马来西亚有民族语言70余种，而英语在马来西亚、新加坡、柬埔寨和文莱都是官方语言或通用语言；伊斯兰教、佛教、基督教等在东盟十国中影响最大。此外，东盟各国还居住着不少的华人，其中尤以新加坡、马来西亚、文莱为代表。

东盟各国基本上属热带和亚热带气候类型，多数国家自然资源丰富，拥有丰富的矿产资源、森林资源以及水产资源，盛产天然橡胶、棕榈油和水稻等，地理位置优越，交通条件良好，具有发展区域经济合作的天然基础和自然条件。

东盟国家的社会经济状况详见表2－1、表2－2。

表2－1　　东盟国家社会基本情况

国家	人口与国土面积	主要民族	语言	宗教信仰	政治
印度尼西亚	人口2.58亿，世界第四人口大国；国土面积1913578.68平方公里	有数百个民族，其中爪哇族人口占45%，巽他族占14%，马都拉族占7.5%，马来族占7.5%，其他占26%	民族语言共有200多种，印尼语为官方语言	约87%的人口信奉伊斯兰教，是世界上穆斯林人口最多的国家；6.1%的人口信奉基督教，3.6%的人口信奉天主教	实行总统制。从2004年起，总统和副总统改由全民直选，每任五年
马来西亚	人口3200万；国土面积约33万平方公里	30个以上民族；马来人占68.8%，华人占23.2%，印度人占7.0%，其他民族占1.0%	马来语为国语，通用英语，华语使用较广泛	伊斯兰教为国教，其他宗教有佛教、印度教和基督教等	实行君主立宪联邦制；沙捞越州和沙巴州拥有较大自治权

续表

国家	人口与国土面积	主要民族	语言	宗教信仰	政治
菲律宾	人口10098万(2015年8月);国土面积29.97万平方公里	马来族（包括他加禄人、伊洛戈人等）占全国人口的85%以上，少数民族有华人、阿拉伯人等	有70多种语言。菲律宾语是国语，英语为官方语言	国民约85%信奉天主教，4.9%信奉伊斯兰教，少数人信奉独立教和基督教新教	实行总统制；总统是国家元首、政府首脑兼武装部队总司令
新加坡	人口561万(2017年6月);国土面积719.9平方公里	华人占75%左右，其余为马来人、印度人和其他民族	马来语为国语，英语、华语、马来语、泰米尔语为官方语言	主要宗教为佛教、道教、伊斯兰教、基督教和印度教	实行议会共和制；总统为国家元首人民行动党长期执政，政绩突出，地位稳固
泰国	人口6740万；国土面积51.3万平方公里	全国有30多个民族。泰族占人口总数的40%，其余为老挝族、华族、马来族、高棉族，以及苗、瑶等山地民族	泰语为国语	90%以上的民众信仰佛教，马来族信奉伊斯兰教，还有少数民众信仰基督教、天主教、印度教和锡克教	实行君主立宪制；国家立法议会负责制定法律
越南	人口9170万(2015年12月);国土面积329556平方公里	有54个民族，京族占总人口的86%，岱依族、傣族、芒族、华人、侬族人口均超过50万	主要语言为越南语（官方语言、通用语言、主要民族语言）	主要有佛教、天主教、和好教与高台教	社会主义共和国，越南共产党是唯一政党
老挝	人口680万(2017年);国土面积23.68万平方公里	分为49个民族，分属老泰语族系、孟—高棉语族系、苗—瑶语族系等	通用老挝语	居民多信奉佛教	实行社会主义制度；老挝人民革命党是老挝唯一政党
柬埔寨	人口约1500万；国土面积约18万平方公里	有20多个民族，高棉族是主体民族，占总人口的80%，少数民族有占族、普农族等	高棉语为通用语言，与英语、法语同为官方语言	佛教为国教，93%以上的居民信奉佛教，占族信奉伊斯兰教，少数城市居民信奉天主教	实行君主立宪制，国王是国家最高元首，国会是最高权力和立法机构

续表

国家	人口与国土面积	主要民族	语言	宗教信仰	政治
缅甸	人口 5390 万（2015 年）；国土面积 67.66 万平方公里	有 135 个民族，主要有缅族、克伦族、掸族、克钦族、钦族等，缅族约占总人口的 65%	缅语为国语，各少数民族均有自己的语言	全国 85% 以上的人信奉佛教，约 8% 的人信奉伊斯兰教	2011 年 1 月缅甸联邦议会正式改为缅甸联邦共和国
文莱	人口 42.26 万（2016 年）；国土面积 5765 平方公里	马来人占 65.7%，华人占 10.3%，其他民族占 24%	马来语为国语，通用英语，华人用华语较广	伊斯兰教为国教，其他还有佛教、基督教等	自 1984 年独立起就宣布马来伊斯兰君主制为国家纲领

资料来源：根据中华人民共和国外交部网站（http：//www.fmprc.gov.cn/web/gjhdq_676201/）东盟国家概况资料整理。

表 2－2　　东盟国家社会经济情况（2017 年）

国家	GDP、人均 GDP 和 GDP 年增长率	通货膨胀率、失业率和汇率	财政金融	对外经济
新加坡	GDP：3239 亿美元；人均 GDP：5.5 万美元；GDP 增长率：3.6%	通货膨胀率：0.6%；失业率：2.2%；汇率（2017 年平均）：1 美元≈1.3807 新加坡元	财政收入 751 亿新元，财政支出 739 亿新元。截至 2015 年 12 月，外汇储备为 4213 亿新元。无外债	出口 5150 亿新元，进口 4521 亿新元，主要贸易伙伴为中国、马来西亚、欧盟等。截至 2016 年年底，对外直接投资累计达 7646 亿新元；截至 2016 年年底，共吸引海外直接投资 13595 亿新元
文莱	GDP：183.8 亿文元（约合 141.3 亿美元）；人均 GDP：33435 文元；GDP 增速 1.3%	2016 年 CPI 同比下降 0.7%；据世界银行数据，2016 年失业率 1.995%。汇率：1 美元≈1.31 文元（2018 年 3 月）	2017/2018 财年预算收入 34.5 亿文元，预算支出 53 亿文元，赤字依存度接近 34.9%；据世界银行数据，2016 年外汇总储备 34.87 亿美元。无内外债	2016 年贸易总额 104.79 亿文元，同比下降 18.75%；其中出口 67.9 亿文元，进口 36.89 亿文元；主要贸易伙伴为日本、韩国、马来西亚、泰国等。截至 2016 年年底，吸收外资存量为 57.4 亿美元
马来西亚	GDP：13525 亿马币；人均 GDP：10527 美元（2016 年）；GDP 增长率：5.9%	根据世界银行数据，2016 年通胀率 2.13%；2017 年失业率为 3.42%	2016 年，财政收入 2124 亿林吉特，财政支出 2508 亿林吉特；外汇储备为 950 亿美元	进出口总额为 17700 亿马币，主要出口市场为新加坡、中国、日本；2016 年吸引外国直接投资约 546 亿林吉特

续表

国家	GDP、人均 GDP 和 GDP 年增长率	通货膨胀率、失业率和汇率	财政金融	对外经济
泰国	GDP：4210 亿美元；人均 GDP：6246 美元；GDP 增长率：3.9%	通货膨胀率：0.66%；失业率：1.3%；汇率（全年均价）：1 美元≈31.6 铢	财政收入 2.35 万亿泰铢，盈余 76 亿泰铢；截至 2017 年年末泰外汇储备 2024 亿美元，全年泰铢升值约 8%	贸易总额 4595 亿美元，同比增长 12.3%；其中出口 2367 亿美元，进口 2228 亿美元；主要贸易伙伴为中国、日本、东盟等。对外投资主要是美国、东盟、中国大陆等
印度尼西亚	GDP：10152 亿美元；人均 GDP：3935 美元；GDP 增长率：5.07%	全年通胀率：3.61%；截至 2017 年 9 月，失业率 5.5%	近年来实施赤字预算。2016 年财政赤字占 GDP 比重为 2.46%；公共债务为 2852 亿美元，公债占 GDP 比重为 30.6%	贸易总额 3256 亿美元，同比增长 15.9%，其中出口 1687.3 亿美元，进口 1568.9 亿美元。2017 年吸引外国投资 322.4 亿美元，同比增长 8.5%；主要投资来源国新加坡、日本、中国等
菲律宾	GDP：3890 亿美元；人均 GDP：3593 美元；GDP 增长率：6.7%	通货膨胀率：3.2%；失业率：5.7%；汇率（2018 年 3 月）：1 美元≈51 比索	2016 年财政收入 462.3 亿美元，同比增长 4.12%；财政支出 536.7 亿美元，同比增长 14.3%。财政赤字占 GDP 的 2.4%。2017 年年底外汇储备为 814.7 亿美元。2016 年外债总额 453.89 亿美元，占 GDP 的 14.74%	2016 年对外贸易额为 1373.9 亿美元，同比增长 5.8%；出口 562.3 亿美元，进口 811.6 亿美元。2016 年吸收外商直接投资 46.1 亿美元，同比下降 10.7%
越南	GDP：2205 亿美元；人均 GDP：2385 美元；GDP 增长率：6.81%	通货膨胀率：3.53%；2016 年失业率为 2.30%；汇率：1 美元≈22794 越盾（2018 年 2 月）	财政总收入 1104 万亿越盾，财政总支出 1219.5 万亿越盾	进出口贸易总额约为 4249 亿美元，其中出口额 2138 亿美元，增长 21.1%，进口额 2111 亿美元，增长 20.8%。截至 2017 年年底，吸引外资协议金额达 213 亿美元，同比增长 3.5%

续表

国家	GDP、人均 GDP 和 GDP 年增长率	通货膨胀率、失业率和汇率	财政金融	对外经济
老挝	2016—2017 财年 GDP：168.1 亿美元；人均 GDP：2472 美元；GDP 增长率：6.83%	通货膨胀率：1.2%；2017 年 12 月与美元汇率约为 8250 ：1	据老挝国会报告，财政收入预算 239 亿基普，财政支出预算为 320 亿基普	2016/2017 财年进出口贸易额 89.39 亿美元，其中出口 44.58 亿美元，进口 44.81 亿美元。2015/2016 财年吸引外资 12.7 亿美元
柬埔寨	GDP：222 亿美元；人均 GDP 约为 1480 美元；GDP 增速 6.8%	2015 年通货膨胀率 3%，瑞尔与美元汇率 4050 ：1	2018 年财政预算 60.38 亿美元，占 GDP 的 24.59%，较 2017 年增长 15.2%；赤字额 14.78 亿美元，占 GDP 的 5.84%	2015 年对外贸易总额达 205.34 亿美元，同比增长 12.6%。其中，出口 89.9 亿美元，进口 115.44 亿美元
缅甸	2015/2016 财年 GDP：670 亿美元；人均 GDP：1291 美元；GDP 增长率 7.0%	据世界银行数据，失业率 0.22%；2016 年通货膨胀率 3.02%。2015/2016 财年 1 美元约合 1380 缅币	2014/2015 财年政府财政收入为 16.9 万亿缅币，其中税收收入为 5.94 万亿缅币，占比 35.1%。IMF 预期 2016 年会计年度财政赤字占 GDP 比率将增至 4.6%	2017/2018 财年前十个月（2017 年 4 月至 2018 年 1 月）贸易总额为 265 亿美元，其中出口为 114 亿美元，进口为 151 亿美元。2015/2016 财年外国直接投资 637.22 亿美元，外债余额 91 亿美元；主要贸易伙伴是中国、泰国、新加坡等

资料来源：根据中华人民共和国外交部、中华人民共和国商务部驻东盟国家商务参赞网站和世界银行数据库相关资料整理计算。

二、中国与东盟国家经济交往的历程

1. 悠久的友好往来和经贸交流

中国与东盟国家间的友好往来和经贸交流源远流长。新中国成立之初，就奉行睦邻外交政策。冷战结束以后，中国及时调整对外政策，中国与东盟政治互信和经贸合作不断加强。到 1991 年文莱与中国建交，中国与东盟十国均建立或恢复了外交关系。从 1991 年 7 月东盟首次邀请中国外长出席其外长会议开始，中国与东盟的经济政治关系不断加强。1996 年，中国正式成为东盟全面对话伙伴国，随后又确定了双方对话机制框架。1997 年 12 月，在东盟首脑非正式会议上，东盟首次邀请中国、日本和韩国领导人出席；中国与东盟发表《联合声明》，宣布建立面向 21 世纪的睦邻互信伙伴关系。

2002 年 11 月，中国与东盟签署了《南海各方行为宣言》。2003 年 10 月，中国加入《东南亚友好合作条约》，中国—东盟重新定位为面向和平与繁荣的战略伙伴关系。2003 年 10 月，中国提出了举办“中国—东盟博览会”的倡议，并于 2004 年正式启动。2004 年 6 月，中国—东盟外长一致同意制定《推进中国—东盟战略伙伴关系行动计划》，并确定了五大重点合作领域。总之，这一时期，中国和东盟各国以经济合作为主线，从一般的和平共处到积极开展区域合作和全方位合作：经贸合作关系取得巨大进展，政治联系和信任程度不断加深，阔步走上了新型的“面向和平与繁荣的战略伙伴关系”。

2. 政治互信与经贸合作的新发展

在中国与东盟各国的历史交往中，和平与友好始终是双方关系的主基调。新中国成立后，1955 年“万隆会议”提出的和平共处五项原则，一直是中国外交关系的准则。但在冷战时期，中国与东南亚国家的关系曾长期处于不确定状态。20 世纪 70 年代后，随着中国在联合国合法席位的恢复，中美、中日的建交，以及 1973 年关于在越南恢复和平的巴黎协定的签署，中国与东南亚各国关系开始走向友好合作，到 1991 年，文莱与中国建交，越南与中国实现了关系正常化。至此，中国与东盟的全部成员均建立或恢复了外交关系。

经过多年的共同努力，中国与东盟国家政治互信不断增强，经贸合作成效显著，其他领域合作日益拓展。政治上，中国与东盟国家于 2002 年签署的《南海各方行为宣言》，就和平解决争议、共同维护地区稳定、开展南海合作达成共识。2003 年，中国加入《东南亚友好合作条约》，开启与东盟建立面向和平与繁荣的战略伙伴关系的新征程，并逐步建立了较为完善的对话合作机制。2009 年，中国设立驻东盟大使。2014 年以来，中国—东盟文化交流年、中国—东盟海洋合作年、中国—东盟教育交流年、中国—东盟旅游合作年等一系列活动相继持续开展。

经济上，2010 年 1 月，中国—东盟自由贸易区全面建成。2014 年 8 月，双方宣布启动中国—东盟自由贸易区升级谈判。2015 年 11 月，双方签署自由贸易区升级谈判协议——《中国与东盟关于修订〈中国—东盟全面经济合作框架协议〉及项下部分协议的议定书》。自 2004 年起，中国—东盟博览会及商务与投资峰会每年在广西南宁举行，截至 2020 年 11 月 27 日已成功举办 17 届，成为中国与东盟国家经济合作的重要平台。此外，中国与东盟国家还确定了农业、信息通信技术、人力资源开发、相互投资、交通等重点合作领域。中国与东盟签署了农业、信息通信、非传统安全、交通、文化、卫生与植物卫生、知识产权、技术法规等合作谅解备忘录。

在地区事务上，中国与东盟协调与配合进一步加强。中国坚定支持东盟在东亚合作中的中心地位，在东盟与中日韩（10 + 3）合作、东亚峰会、亚太经合组织等区域和跨区域合作机制中保持着良好的沟通与合作。2013 年 10 月，习近平主席倡议建设更为紧密的中国—东盟命运共同体，共同建设 21 世纪“海上丝绸之路”。李克强总理在 2013 年第 16 次中国—东盟领导人会议上提出中国—东盟“2 + 7 合作框架”，得到东盟国家普遍欢迎。2020 年 11 月 15 日，《区域全面经济伙伴关系协定》（RCEP）的签署，对推动和实现地区各国间货物贸易、服务贸易和投资高水平开放，极大提升区域贸易投资自由化便利化水平，提升地区吸引力和竞争力具有深远的意义。

总之，中国与东盟国家政治互信的加强，促进了中国与东盟国家经济合作的持续发展，而中国与东盟国家经贸关系的发展，反过来又促进了中国与东盟国家政治合作的不断深化。

三、中国—东盟自由贸易区的建设和发展

中国—东盟自由贸易区构想的提出，是中国和东盟国家政治互信日益加强和经贸合作不断发展的结果，也是中国和东盟共谋区域经济合作与发展的必然选择。从提议到协议，由构想变现实，中国—东盟自由贸易区开始登上了世界经济政治舞台。

1. 从构想到达成协议

中国—东盟自由贸易区的构想直接始于 1999 年在马尼拉召开的第三次中国和东盟领导人会议①。受东南亚金融危机的影响，东盟迫切希望通过区域经济合作来促进经济发展和抵御外来风险。而中国在亚洲金融危机中坚持人民币不贬值，不仅减弱了金融危机的冲击，而且更好地塑造了一个负责任大国的形象。中国与东盟加强经济合作的想法呼之欲出。2000 年 11 月在新加坡举行的中国与东盟第四次领导人会议上，正式提出了组建中国—东盟自由贸易区的设想②。

2001 年 10 月，中国—东盟经济合作专家组提交的研究报告认为，中国—东盟建立自由贸易区对双方是双赢的，建议在 10 年内建成中国—东盟自由贸易区③。2001 年 11 月，第五次中国—东盟领导人会议达成在 10 年内建成中国—东盟自由贸易区的共识，并提出了优先合作的领域。2002 年 5 月，第三次中国—东盟经济高官会中国与东盟贸易谈判委员会（TNC）第一次会议正式启动了中国—东盟自由贸易区的谈

---

① 如果从中国—东盟自由贸易区构想是东亚经济合作的重要表现和组成的角度，这一构想可以追溯到马来西亚总理马哈蒂尔 1990 年提出的东亚经济合作的概念，并建立在 1997 年年底开始的东盟领导人与中、日、韩领导人会议机制（即“10 + 3”和“10 + 1”）的基础上。

② 许宏治．朱镕基总理出席第四次中国—东盟领导人会晤［N］．人民日报，2000 - 11 - 26.

③ Wattanapruttiaisan. ASEAN-China Economics Relationships and Cooperation in Trade and Investment: Patterns and Potential. paper presented at the Symposium on ASEAN-China Enterpreneur Exchanges, Chengdu, China, 22 - 23 October.

判进程。2002年9月，东盟10国与中国经济部长会议最终就关税问题达成了协议。

2002年11月4日，中国与东盟国家领导人签署了《中国与东盟全面经济合作框架协议》（以下简称《全面框架协议》），决定2010年建成中国—东盟自由贸易区。该协议于2003年7月1日开始实施，标志着中国—东盟自由贸易区建设的正式启动。又经过近两年的谈判，2004年11月，《中国与东盟全面经济合作框架协议货物贸易协议》（以下简称《货物贸易协议》）和《中国与东盟全面经济合作框架协议争端解决机制协议》（以下简称《争端解决机制协议》）正式签署。适应服务贸易自由化的发展，2007年1月，中国与东盟签署了《中国与东盟全面经济合作框架协议服务贸易协议》（以下简称《服务贸易协议》）。2009年8月，《中国与东盟全面经济合作框架协议投资协议》（以下简称《投资协议》）的签署，标志着中国—东盟自由贸易区国际投资政策进入了新阶段。至此，中国—东盟自由贸易区建设的主要协议框架初步形成。

2. 全面建成与升级

中国—东盟自由贸易区是中国对外商谈的第一个也是最大的自贸区，于2002年开始实施“早期收获”，2010年1月1日全面建成，覆盖1300万平方公里，惠及19亿人口，是目前世界人口最多的自贸区，也是发展中国家间最大的自贸区，成为发展中国家间互利互惠、合作共赢的典范。从2010年1月1日起，中国和东盟6个老成员之间超过90%的产品实行零关税，中国对东盟平均关税将从9.8%降到0.1%；东盟6个老成员对中国的平均关税将从12.8%降低到0.6%。到2015年，中国与东盟4个新成员国之间实现90%零关税的目标。中国—东盟自由贸易区全面建成，双方约有7000种以上产品享受零关税待遇，实现货物贸易自由化，并彼此实质性地开放服务贸易市场，双方相互投资也更加自由、便利、透明和公平。

2002年，中国与东盟双方贸易总额为547.67亿美元。到2012年，双边贸易额已达到4000亿美元，年均增长23.6%；相互投资累计超过1000亿美元，增长3.4倍。中国成为东盟第一大贸易伙伴，东盟是中国第三大贸易伙伴，中国和东盟建成了世界上最大的发展中国家自贸区①。2013年10月，李克强总理在中国—东盟领导人会议上倡议启动中国—东盟自由贸易区升级谈判。2014年8月，中国—东盟经贸部长会议正式宣布启动升级谈判。2015年11月22日，中国政府与东盟国家正式签署升级谈判成果文件——《中华人民共和国与东南亚国家联盟关于修订〈中国—东盟全面经济合作框架协议〉及项下部分协议的议定书》，并于2016年7月1日正式生效。这是我国在现有自由贸易区基础上完成的第一个升级协议，将为双方经济发展带来新的契机和动力，实现“黄金伙伴”向“钻石合作”的迈进。

近年来，中国与东盟国家的经济合作持续稳定发展。截至2014年年底，中国和东盟累计双向投资额超过1300亿美元，其中东盟国家对华投资超过900亿美元；中国对东盟的投资发展也非常迅速，2010年之后对东盟新增的投资占中国对外投资总量的60%以上。在基础设施投资建设方面，东盟是中国企业开展工程承包和劳务合作的重要目的地，双方合作实施了许多电力、桥梁、农业和制造业项目②。中国自2009年开始即保持东盟第一大贸易伙伴地位。据统计，2019年，双边货物贸易额5079亿美元（占东盟贸易总额的18%）。2020年1—9月，在新冠肺炎疫情暴发的严峻形势下，中国和东盟贸易额逆势增长5%，东盟首次成为中国第一大贸易伙伴，形成中国和东盟互为第一大贸易伙伴的良好局面。2019年，中国和东盟双边服务贸易额达到657亿美元；中国对东盟直接投资从2010年的36亿美元增加至2019年的91亿美

① 新华社：李克强在第16次中国—东盟领导人会议上的讲话［EB/OL］. http://fta.mofcom.gov.cn/article/zhengwugk/201310/13954_1.html.

② 参见中国与东盟2020年11月13日共同发表的《中国—东盟自由贸易区全面建成十周年实施报告》，http://images.mofcom.gov.cn/www/202011/20201113175809195.pdf.

元，增幅为185%。2019年，中国是东盟第四大外资来源地①。

从提议到协议，从全面建成到升级，以政府主导和组织打造的中国—东盟自由贸易区，政府经济活动及其财政政策协调始终是其不可或缺的重要内容。无论是自由贸易区协议的完善、执行，还是机构、机制的建立健全，本质上都表现在国家和政府利益的均衡和协调。因此，探讨中国与东盟国家政策协调，不仅是对区域各国财政利益和财政关系协调这一现实问题的解决，还是在组织形式和制度化层面推进中国与东盟国家财政政策协调机制的构建。

第二节　国际税收政策协调

国际税收是国际财政"大厦"和财政政策国际协调最为重要的内容，也是中国与东盟国家财政政策协调的重要组成。基于税收与国际经济的相互关系而出现的国际税收，其本质是国家之间的税收关系，它主要表现为国与国之间的税收分配关系和国与国之间的税收协调关系②。

一、中国与东盟国家税制及政策的差异与共性

中国与东盟国家虽同属发展中国家，但在社会制度、经济结构、发展目标等方面存在着较大的不同，税收制度与政策上既有许多共性，又存在着较大差异，它们构成中国与东盟国家国际税收政策协调的基础。

---

① 国际商报．中国东盟加强合作促进区域繁荣［EB/OL］．http：//fta.mofcom.gov.cn/article/chinadongmeng/dongmengfguandian/201805/37919_ 1.html.

② 朱青．国际税收（第二版）［M］．北京：中国人民大学出版社，2004：3－4.

1. 税权集中，宏观税负水平相近

中国是世界上最大的发展中国家，需要中央政府集中财力进行有效的宏观经济调控，以实现政治经济的稳定。因此，长期以来，我国税权尤其是税收立法权都主要集中于中央。“在东盟国家经济的快速发展中，各国都非常注重通过税收政策的制定和实施来促进本国经济发展，因此税权也主要集中在中央。如菲律宾、泰国、印度尼西亚等国虽然实行中央和地方两级课税制度，但税收立法权和征收权主要集中在中央；而新加坡、马来西亚、越南等实行中央一级课税制度，税收立法权和征收权都高度集中在中央”①。

理论上，一国宏观税负水平往往与经济发展水平呈正相关。“虽然中国与东盟国家在资源禀赋、经济发展水平等方面差异较大，但总体上同属发展中国家，宏观税负水平较为相近”②。东盟各国宏观税负水平都不高。例如越南 2017 年财政收入占 GDP 的比重约为 25%③，菲律宾 2016 年财政收入占 GDP 的比重约为 15.16%④。而根据世界银行数据，2015 年新加坡、泰国、马来西亚等国中央财政收入占 GDP 比重都在 20%左右（见表 2 - 3）。中国财政收入和税收收入占 GDP 的比重整体水平也不高，2013—2017 年平均分别为 21.59% 和 18.04%（见表 2 - 4），与东盟各国大体相当。

---

① 边曦．东盟十国税收制度［M］．北京：中国财政经济出版社，2007：19 - 173.

② 边明社，赵仁平．中国与东盟各国税收制度比较［J］．东南亚南亚研究，2010 (3)：57 - 62.

③ 根据《越南人民报》2018 年 5 月 30 日公布的 2017 年越南税收公平报告，国家财政收入占 GDP 比重为 25%，直接税和间接税收入分别占税收总额的 35% 和近 65%（2017 年越南税收公平报告出炉，http：//www.ccpit.org/Contents/Channel_ 4114/2018/0530/1010312/content_ 1010312.htm）。

④ 根据中华人民共和国外交部菲律宾国家概况数据资料计算，（http：//www.fmprc.gov.cn/web/gjhdq_ 676201/gj_ 676203/yz_ 676205/1206_ 676452/1206x0_ 676454/）。

表 2-3　　2015 年部分东盟国家财政收入占 GDP 比重（%）

国家	中央财政收入占 GDP 比重	商品和服务税占财政收入比重
柬埔寨	15.94	45.57
印度尼西亚	12.95	37.77
老挝	18.40	45.61
马来西亚	18.93	22.78
新加坡	18.94	23.17
泰国	20.90	42.88

资料来源：中华人民共和国国家统计局网站国际统计数据（http://data.stats.gov.cn/easyquery.htm? cn = G0104）。

表 2-4　　2013—2017 年中国财政收入规模与结构

年度	财政收入/GDP	税收收入/GDP	流转税收入/税收收入
2013	21.71%	18.57%	51.48%
2014	21.80%	18.51%	50.67%
2015	22.10%	18.13%	50.85%
2016	21.46%	17.53%	49.89%
2017	20.86%	17.45%	48.21%
平均	21.59%	18.04%	50.22%

资料来源：根据中华人民共和国国家统计局年度统计数据计算。其中，2017 年数据来源于当年统计公报；流转税收入 = 国内增值税 + 国内消费税 + 营业税 + 关税。

在税率上，东盟各国与我国相比各有高低，总体水平有一定差别。“东盟各国实行的增值税（或相当于增值税的商品与服务税），不仅普遍采取消费型增值税，而且税率都比较低”①。如泰国、新加坡增值税的基本税率为 7%，越南、柬埔寨、老挝和印度尼西亚增值税的基本税率为 10%，菲律宾为 12%。比较而言，中国的增值税虽然从 2009 年以来已调整为消费型增值税，但基本税率长期为 17%，即便是 2018 年 5 月 1 日②和 2019 年 4 月 1 日③两次降低税率后，增值税名义基本税率最

① 边明社，赵仁平．中国与东盟各国税收制度比较［J］．东南亚南亚研究，2010（3）：57-62.

② 财政部，税务总局．关于调整增值税税率的通知．财税〔2018〕32 号，2018 年 4 月 4 日．

③ 财政部，税务总局，海关总署．关于深化增值税改革有关政策的公告．财政部、税务总局、海关总署公告〔2019〕39 号，2019 年 3 月 20 日．

高仍为13%。在企业所得税基本税率上，最高的菲律宾为30%，印度尼西亚和马来西亚都是25%，泰国、柬埔寨都是20%，越南为22%，新加坡为17%①；文莱2015年企业所得税税率已下调至18.5%②。中国目前企业所得税的基本税率仍然是25%，与东盟国家相比属于偏高水平。中国、越南、柬埔寨、缅甸等国的个人所得税目前主要实行分类所得税制，其他国家多实行综合课税制，多数国家的最高边际税率维持在30%—35%，其中，中国目前最高边际税率最高，为45%，泰国为37%，越南和缅甸都是35%左右，菲律宾为32%，印度尼西亚为30%，马来西亚为26%，老挝为24%，新加坡和柬埔寨都是20%，文莱不征收个人所得税③。

2. 税制结构的趋同与差异并存

20世纪80年代以来，顺应国际经济和世界税制改革趋势，"中国与东盟国家相继进行了税制改革和税收政策调整，因而在税制结构上呈现出趋同与差异并存"④。首先，在税种结构上，中国和东盟国家基于经济发展水平的差异，或者以所得课税为主体税种，或者以流转税为主体税种。东盟十国中，多数国家的税种在10个左右，普遍开征的税种有增值税（包括商品与劳务税）、消费税、企业所得税、个人所得税、关税等，其中，文莱免征个人所得税和多数流转税，主要税种只有企业所得税、石油税、印花税等几个税种。"总体上，中国与东盟国家基本建立了以增值税、消费税为中心的间接税和以个人所得税、公司所得税为主的直接税相结合的现代复合税制体系，但各国税种设置的具体差异

① 中国国际贸易促进会驻新加坡代表处．新加坡税收优惠政策（2015年11月）[EB/OL]. http://www.ccpit.org/Contents/Channel_4010/2015/1230/554016/content_554016.htm.

② 中华人民共和国驻文莱大使馆经济商务参赞处．文莱投资环境[EB/OL]. http://bn.mofcom.gov.cn/article/ddfg/tzzhch/200304/20030400082065.shtml.

③ 中国国际贸易促进会驻新加坡代表处．新加坡税收优惠政策（2015年11月）[EB/OL]. http://www.ccpit.org/Contents/Channel_4010/2015/1230/554016/content_554016.htm.

④ 边明社，赵仁平．中国与东盟各国税收制度比较[J]．东南亚南亚研究，2010(3)：57-62.

较大”①。即便是同一税种，由于在各国税收政策中的地位不同，因而在课税对象、税率和减免税等方面的差异也较大。

其次，从税收收入结构来看，东盟十国中，新加坡、文莱、马来西亚等直接税所占比重较高，越南、缅甸等国以间接税为主，印度尼西亚、泰国、菲律宾等国的直接税和间接税比重大体相当；而中国的税收收入结构中，间接税所占比重目前仍然较高，2013—2017 年流转税收入占税收收入的比重平均为 50.22%（见表 2-4）。总体上，中国间接税收入所占比重与东盟国家相比偏高，而直接税收入所占比重相对偏低。

3. 主要税种政策间差异明显

（1）流转税税制及政策差异。中国和东盟各国流转税税制及政策占有举足轻重的地位。总体而言，“中国和东盟国家的多数国家都建立了以增值税（或商品与服务税）、消费税为主的流转税体系”②。

①增值税。目前，除文莱免征多数流转税外，中国和东盟的印度尼西亚、菲律宾、泰国、越南、柬埔寨等国都引入了增值税制度，其他国家也有类似于增值税的税种，比如马来西亚和新加坡的商品与劳务税、老挝的营业税、缅甸的商业税等实质上也属于增值税。增值税不仅是中国和东盟国家比较普遍开征的税种，还是中国、印度尼西亚、越南等国的第一大主体税种。但是，各国增值税也存在着较大的差异：

第一，税基确定上的差异。在实行增值税的东盟国家中，除印度尼西亚为生产型增值税外，其他国家都属于消费型增值税。东盟国家增值税的征税范围都涉及货物销售和劳务服务经营，征税范围较广。例如，泰国对所有提供货物及劳务行为征收增值税；菲律宾增值税的征税范围包括提供服务、进口产品、销售、易货贸易、租赁货物等；新加坡的商

① 边明社，赵仁平．中国与东盟各国税收制度比较［J］．东南亚南亚研究，2010（3）：57-62.

② 同上。

品与服务税征税范围包括进口货物和所有在新加坡提供的货物和劳务服务。中国的增值税在2009年转型前也属于生产型增值税，而且在全面“营改增”之前，其课税范围只涉及销售、进口货物和提供部分劳务。从2016年5月1日开始，中国增值税的征税范围不仅包括销售货物或者加工、修理修配劳务，还包括销售服务、无形资产、不动产以及进口货物。

第二，税率上的差异。泰国于2015年10月1日起执行10%的增值税税率；马来西亚从2015年4月1日起开征税率为6%的货物和服务税（基于商品或服务增值而征收的税种，实质上也是增值税），其税率是东南亚国家中最低的；而根据新加坡《联合早报》报道，马来西亚从2018年6月1日起将停收消费税，并且这项措施也适用当地和进口的物品和服务①；菲律宾自2006年2月1日起执行12%的增值税税率；越南2015年颁布的新税法将增值税税率分为0、5%和10%，基本税率为10%；印度尼西亚增值税税率为10%；新加坡的商品和服务税（相当于增值税）基本税率为7%。与东盟各国相比，中国增值税的税率最高，即便是2019年4月1日降低增值税税率后，最高一档13%的名义税率依然比东盟国家高3%—7%。

②消费税。“消费税也是中国和东盟国家普遍开征的一个税种，它往往以某些消费品和奢侈品作为课税对象，且总体税率都比较高，如中国、马来西亚、老挝、柬埔寨的消费税。同时，泰国的特别营业税、印度尼西亚的奢侈品销售税和越南的特别销售税，其实质也和中国等国的消费税相同”②。比较而言，各国消费税也存在着较大差异：

第一，征税范围上的不同。消费税的征税范围具有选择性，因而各国根据本国实际情况确定的消费税的征税范围也不尽相同。中国消费税

---

① 中国驻马来西亚大使馆经济商务参赞处．马来西亚6月1日起停收消消费税［EB/OL］．http：//my.mofcom.gov.cn/article/sqfb/201805/20180502744711.shtml.

② 边明社，赵仁平．中国与东盟各国税收制度比较［J］．东南亚南亚研究，2010（3）：57－62.

的征税范围目前包括烟、酒、贵重首饰及珠宝玉石等 15 类商品。东盟国家的消费税，也主要是以某些特定的商品和服务作为征税对象。在印度尼西亚，其奢侈品销售税以豪宅、飞机（含直升机）、珠宝等为主要征税对象。老挝的消费税对汽油、酒、成品烟、雪茄烟、香水等征税。泰国消费税的征税范围主要有石油及石油产品、非酒精饮料、汽车、游艇、烈酒和烟草等。新加坡主要对烟草、石油产品、酒类征收消费税。越南特别销售税征税范围包括烟草、烈酒、啤酒、飞机、游艇等共 17 类商品和服务。

第二，税率上的差异。总体上，中国与东盟各国（特别）消费税的税率都较高，但各有高下。在印度尼西亚，奢侈品销售税最高边际税率是 75%；越南的特别消费税最高边际税率是 65%；中国消费税的税率，最低是 1%，最高为 56%（不包括从量计征部分）。即便是同一类产品，出于不同的消费政策和引导消费结构从而引导产业结构的考虑，各国消费税税率间的差异还是较大的。

（2）所得税税制及政策差异。“适应世界所得税发展的趋势，中国和东盟各国也在不断改革和完善其所得税税制，出现了企业所得税税率明显下降和各国所得税在税制结构中地位的明显上升和趋同之势”①。但就具体税制而言，中国和东盟国家的差异也很大。

①企业所得税。第一，税率上的差异。中国和东盟各国目前企业所得税税率相差不大：中国目前的基本税率为 25%。而东盟国家中，最高的菲律宾为 30%，印度尼西亚和马来西亚都是 25%，文莱、泰国、柬埔寨都是 20%，新加坡为 17%；越南从 2014 年 1 月 1 日起，企业所得税税率由 25% 下调至 22%，从 2016 年 1 月 1 日起，一般税率将再次下调到 20%②。可见，目前东盟多数国家企业所得税基本税率都比中国

① 边明社，赵仁平．中国与东盟各国税收制度比较［J］．东南亚南亚研究，2010（3）：57－62.

② 中国驻越南大使馆经济商务参赞处．越南将下调企业所得税［EB/OL］．http：//vn. mofcom. gov. cn/article/ddfg/sshzhd/201305/20130500138810. shtml.

略低。

第二，中国与东盟各国在实施对外开放、促进本国经济发展中，在企业所得税扣除项目和具体标准上的差异较大，而且都采取了较多的企业所得税优惠政策。东盟各国在所得税优惠上普遍采取低利率和免税期限等方式，多数国家的税收优惠政策力度较大。如菲律宾对位于不发达地区的先进企业，6 年内全额免除公司所得税；对位于发达地区的先进企业，免税期为 4 年；对扩大出口型企业，免税期为 3 年。同时，又由于所处的经济发展阶段和产业结构等的不同，各国税收优惠政策的目标有一定差异。如新加坡的税收优惠主要体现在政府的产业政策；越南的税收优惠政策则主要体现在吸引外资、引导资源向欠发达地区流动和向优先发展领域投入。中国的税收优惠政策，近年来有较大的调整，开始与东盟国家的税收优惠特别是区域经济一体化渐趋吻合。但是，"中国和东盟各国的税收优惠政策都存在着由直接优惠转向间接优惠，由区域优惠转向产业优惠等问题"①。

②个人所得税。第一，个人所得税模式的差异。"越南、缅甸、柬埔寨等目前实行的是分类所得税制，而印度尼西亚、新加坡、菲律宾、泰国和马来西亚则实行综合所得税制"②。中国个人所得税制长期实行分类所得税制，从 2019 年 1 月 1 日开始才采取了综合与分类相结合的混合所得税制。相对而言，综合所得税制较为完善和公平，分类所得税制相对简单易行但公平性较差，而混合所得税制介于这二者之间。

第二，自然人居民身份认定的差异。"东盟各国主要选择的是国际通行的 183 天的时间标准。如泰国和老挝采取的是 180 天的标准而马来西亚是 182 天标准"③。中国对自然人居民身份的确定，长期采取"时间和住所"双重标准，特别是时间标准上实行中国特色的 1 年标准，相

---

① 边明社，赵仁平．中国与东盟各国税收制度比较［J］．东南亚南亚研究，2010（3）：57－62.

② 同上。

③ 同上。

对而言是最复杂的。从 2019 年 1 月 1 日开始，中国才采取了 183 天的国际通行标准。

第三，应纳税所得范围的不同。中国的个人所得税的应税所得，在 2019 年前分为工资薪金所得、个体工商户的生产经营所得、劳务报酬所得等共 11 类。从 2019 年 1 月 1 日开始进行了进一步归并，分为工资薪金所得、经营所得、劳务报酬所得等 9 类。新加坡个人所得税的征税范围为应税雇佣所得和股息、利息等。

第四，税率上的差异。中国的个人所得税采取超额累进税率和比例税率，而菲律宾、新加坡等国主要采取超额累进税率。东盟国家个人所得税的最高边际税率基本上在 30%—35%。其中，泰国为 37%，越南和缅甸都是 35% 左右，菲律宾为 32%，印度尼西亚为 30%，马来西亚为 26%，老挝为 24%，新加坡和柬埔寨都是 20%，文莱不征收个人所得税。与东盟国家相比，中国目前最高边际税率最高，为 45%。

（3）财产税税制及政策差异。从税制要素的角度，中国和东盟各国财产税税制及政策的差异较大。“首先，在课税主体上，各国对转让、占有和使用财产的课税，纳税人一般是产权所有者或使用者。但在印度尼西亚，法律将纳税人定义为‘拥有土地、建筑物等财产的控制权或所有权且获得收益的个人、企业或组织’。其次，在课税对象和税基上，东盟各国基本上都是单独对房屋、土地课税，计税依据是资本市场价值或评估价值或其年租金。如新加坡、印度尼西亚、马来西亚、缅甸等，都将土地和建筑物的资本价值纳入税基，但在泰国，用于个人居住、动物养殖及土地耕作的产业除外。开征遗产税的国家如文莱、菲律宾等，根据其居民去世时的遗产价值，向死者的遗嘱执行人或遗产管理人征税。最后，从税率来看，各国广泛使用比例税率，在对财产转让收益和流转税额课税时也采用累进税率，一般都规定了最高限额和最低限额。如菲律宾的遗产税税率为 2%—35%，赠予税税率为 2%—15%”①。

① 边明社，赵仁平．中国与东盟各国税收制度比较［J］．东南亚南亚研究，2010（3）：57－62.

二、中国与东盟国家关税政策的差异与协调

1. 中国与东盟国家关税政策的差异

关税就其性质而言，也属于商品课税，是影响进出口贸易的最直接因素。关税协调就是对成员国之间的产品和劳务进出口有选择地免除关税或降低税率，目的在于消除关税造成的贸易障碍。事实上，中国与东盟国家税收政策协调的首要内容就是推进关税协调与减让。

东盟国家大多是外向型的市场经济国家。在中国与东盟有关经济合作框架和协议签署前，东盟国家的关税主要是以保护国内产业发展和改善贸易条件的保护型关税，只是在具体的关税税目确定上，不同国家各有差别。它们可以分为以下几种类型：一是不征或几乎不征关税，包括文莱、柬埔寨和老挝，前两者不征，老挝只征1%的优惠税率；二是征收关税，但税率较低，包括新加坡、泰国等国家，如新加坡虽然关税税率分为5%、15%、40%、45%等不同档次，但大部分产品的关税税率仅为5%；三是具有较明显的关税保护倾向，如马来西亚、菲律宾和越南，对某些产品，如汽车、酒、烟、成衣和纺织物等实行较高的税率。

同样，中国作为发展中国家，在改革开放初期为了保护民族工业的发展，也曾制定了较高的关税税率。1992 年以来，中国先后多次调整关税政策，大幅度降低了关税税率。根据国务院关税税则委员会公布的《2009 年关税实施方案》，我国 2009 年的关税总水平已降至 9.8%，其中农产品平均税率为 15.2%，工业品平均税率为 8.9%。也就是说，在中国与东盟自由贸易区全面建成之前，中国的关税政策已大幅下降并逐步与东盟多数国家的水平相近。

2. 自贸区建设进程中的关税政策协调

伴随中国与东盟国家的经贸合作与往来的深入，特别是中国—东盟自由贸易区从提议和构想走向协议和现实，中国与东盟国家关税政策协

调成为自贸区建设的首要内容和制度安排。这一时期中国与东盟国家的关税政策协调，在中国与东盟各国签署的《全面框架协议》《货物贸易协议》《服务贸易协议》《投资协议》等中有着明晰的规定和具体的计划：从2002年的“早期收获”开始，中国—东盟自由贸易区全面关税削减计划从2005年7月正式开始，到2010年东盟6个老成员全部实现进口零关税，2015年4个新成员执行零税率，最终实现自由贸易。在关税政策协调模式上，中国—东盟自由贸易区采取的是封闭式区域内优惠关税措施，将产品分为“早期收获产品”、一般产品和敏感产品三类，对配额类产品实行单独谈判，并且快速降税产品的减税速度原则上快于WTO承诺水平，一般商品的降税速度根据现行税率决定，而敏感性商品在过渡期内执行最惠国税率。

根据《货物贸易协调》附件1的内容，中国与东盟国家关税的削减和取消时间表如下：

“(1)东盟六国和中国。①每一缔约方应不迟于2005年7月1日将正常类税目中40%的税目的关税削减到0—5%。②每一缔约方应不迟于2007年1月1日将正常类税目中60%的税目的关税削减到0—5%。③每一缔约方应不迟于2010年1月1日取消所有正常类税目的关税，不超过150个六位税目享有不迟于2012年1月1日取消关税的灵活性。④每一缔约方应不迟于2012年1月1日前取消所有正常类税目的关税。

(2)东盟新成员。①每一缔约方应不迟于2009年1月1日(对越南)、2010年1月1日(对老挝、缅甸)、2012年1月1日(对柬埔寨)将正常类税目中50%的税目的关税削减到0—5%。②柬埔寨、老挝、缅甸应不迟于2013年1月1日取消正常类税目中40%的税目的关税。③对越南：正常类中不迟于2013年1月1日取消关税的税目的比例应不迟于2004年12月31日确定。④每一缔约方应不迟于2015年1月1日取消所有正常类税目的关税，不超过250个六位税目享有不迟于2018年1月1日取消关税的灵活性。⑤每一缔约方应不迟于2018年1月1日取消所有正常类税目的关税。

(3)各缔约方在附录1中列明税目的中国—东盟自由贸易区税率

不迟于2012年1月1日（对东盟6国和中国）、2018年1月1日（对柬埔寨、老挝、缅甸、越南）取消。”①

中国与东盟国家正常产品关税协调进程详见表2-5、表2-6、表2-7。

表2-5　中国和东盟六个老成员国的正常产品降税模式表

X=中国—东盟自由贸易区优惠税率	中国—东盟自由贸易区优惠税率（不迟于1月1日）			
	2005年*	2007年	2009年	2010年
X≥20%	20	12	5	0
15%≤X<20%	15	8	5	0
10%≤X<15%	10	8	5	0
5%<X<10%	5	5	0	0
X≤5%	保持不动		0	0

资料来源：《中华人民共和国政府与东南亚国家联盟成员国政府全面经济合作框架协议货物贸易协议》。

*：执行的开始时间为2005年7月1日。

表2-6　越南正常产品的降税模式表

X=中国—东盟自由贸易区优惠税率	中国—东盟自由贸易区优惠税率（不迟于1月1日）							
	2005年*	2006年	2007年	2008年	2009年	2011年	2013年	2015年
X>60%	60	50	40	30	25	15	10	0
45%<X<60%	40	35	35	30	25	15	10	0
35%<X<45%	35	30	30	25	20	15	5	0
30%<X<35%	30	25	25	20	17	10	5	0
25%<X<30%	25	20	20	15	15	10	5	0
20%<X<25%	20	20	15	15	15	10	0-5	0
15%<X<20%	15	15	10	10	10	5	0-5	0
10%<X<15%	10	10	10	10	8	5	0-5	0
7%<X<10%	7	7	7	7	5	5	0-5	0
5%<X<7%	5	5	5	5	5	5	0-5	0
X<5%	保持不动							0

资料来源：《中华人民共和国政府与东南亚国家联盟成员国政府全面经济合作框架协议货物贸易协议》。

*：执行的开始时间为2005年7月1日。

① 见《中华人民共和国政府与东南亚国家联盟成员国政府全面经济合作框架协议货物贸易协议》。

表 2-7 老挝、柬埔寨、缅甸正常产品的降税模式表

X = 中国—东盟自由贸易区优惠税率	中国—东盟自由贸易区优惠税率（不晚于1月1日）							
	2005 年*	2006 年	2007 年	2008 年	2009 年	2011 年	2013 年	2015 年
X > 60%	60	50	40	30	25	15	10	0
45% < X < 60%	40	35	35	30	25	15	10	0
35% < X < 45%	35	35	30	30	20	15	5	0
30% < X < 35%	30	25	25	20	20	10	5	0
25% < X < 30%	25	25	25	20	20	10	5	0
20% < X < 25%	20	20	15	15	15	10	0-5	0
15% < X < 20%	15	15	15	15	15	5	0-5	0
10% < X < 15%	10	10	10	10	8	5	0-5	0
7% < X < 10%	7**	7**	7**	7**	7**	5	0-5	0
5% < X < 7%	5	5	5	5	5	5	0-5	0
X < 5%	保持不动							0

资料来源：《中华人民共和国政府与东南亚国家联盟成员国政府全面经济合作框架协议货物贸易协议》。

*：执行的开始时间为 2005 年 7 月 1 日；**：缅甸可保持不超过 7.5% 的税率直至 2010 年。

在《货物贸易协议》附录 2 中，中国与东盟国家对敏感类税目关税削减/取消模式的安排是：

“（1）列入敏感类的税目以及高度敏感清单的数量上限是：①东盟六国与中国敏感类税目：400 个六位税目，进口总额的 10%（2001 年贸易统计数据）；其中高度敏感清单不应超过敏感类税目总数的 40% 或 100 个税目，以低者为限；②柬埔寨、老挝和缅甸敏感类税目：500 个六位税目；其中高度敏感清单不应超过敏感类税目总数的 40% 或 150 个税目，以低者为限；③越南敏感类税目：500 个六位税目，进口金额上限应不迟于 2004 年 12 月 31 日决定；其中高度敏感清单应不迟于 2004 年 12 月 31 日决定。

（2）削减以及在可适用的情况下取消敏感类税目的实施最惠国税率模式是：①东盟六国与中国应将适用于各自敏感清单税目的实施最惠国税率不迟于 2012 年 1 月 1 日削减至 20%，这些税率应不迟于 2018 年 1 月 1 日进一步削减至 0—5%。②柬埔寨、老挝、缅甸不迟于 2015 年 1

月 1 日削减至 20%，不迟于 2020 年 1 月 1 日进一步削减至 0—5%。越南不迟于 2015 年 1 月 1 日削减至一定的水平，这一水平的税率应不迟于 2004 年 12 月 31 日决定。这些税率应不迟于 2020 年 1 月 1 日进一步削减至 0—5%。③缔约方应将适用于各自高度敏感清单中税目的实施最惠国税率削减到至少 50%，东盟六国与中国不迟于 2015 年 1 月 1 日完成，东盟新成员不迟于 2018 年 1 月 1 日完成。

（3）任一缔约方可单方面在任何时候自愿加速削减和/或取消敏感类中税目的税率。不应阻止任一缔约方单方面在任何时候自愿将敏感类中的税目转入正常类。"①

从实际执行的情况来看，中国—东盟自由贸易区关税削减计划正常，各方按期履行降税承诺，区内关税水平不断降低，有些项目甚至已经提前实现。在 2010 年 1 月中国—东盟自由贸易区全面建成时，中国和东盟六个老成员超过 90% 的产品实行零关税；"中国对东盟平均关税将从 2009 年的 9.8% 降到 0.1%，东盟六个老成员对中国的平均关税将从 2009 年的 12.8% 降到 0.6%"②。同时，东盟四个新成员 2015 年也实现了 90% 零关税的目标。在此基础上，2015 年 11 月，中国与东盟国家正式签署了中国—东盟自由贸易区升级谈判成果文件——升级《议定书》——内容涵盖货物贸易、服务贸易、投资、经济技术合作等领域，对推动实现双边贸易额达到 1 万亿美元的目标、促进《区域全面经济伙伴关系协定》谈判包括关税政策的全面协调具有重要作用。还要指出的是，中国与东盟国家关税政策的协调，虽然目前已实现 90% 超过 7000 种商品零关税的目标，但依然存在着敏感类产品占贸易额比重偏高、原产地证书操作审核不够便利、非关税壁垒措施削减缺乏明确的步骤与时间安排等问题。因此，这不仅要求促进升级《议定书》的落实

---

① 见《中华人民共和国政府与东南亚国家联盟成员国政府全面经济合作框架协议货物贸易协议》。

② 商务部新闻办．商务部召开"中国—东盟自贸区建成"专题新闻发布会［EB/OL］．http：//fta.mofcom.gov.cn/article/chinadongmeng/dongmengnews/201006/2878_ 1.html.

和关注关税政策协调的进一步推进，还应具体明晰现有关税政策中尚未完全落实和解决的内容。总之，关税政策协调虽然拉开了税收政策协调的序幕，但这只不过是税收政策协调的开端和初级阶段，中国与东盟国家税收政策协调依然任重而道远。

三、中国与东盟国家减除国际重复征税的政策协调

1. 中国与东盟国家税收管辖权的差异

税收管辖权是国家主权在税收方面的体现。依据属地和属人原则，税收管辖权分为来源地管辖权、居民管辖权和公民管辖权。当前，多数国家同时行使两种税收管辖权（居民管辖权和来源地管辖权），有的国家同时行使三种税收管辖权（如美国），只有少数的国家行使单一税收管辖权。

一般认为，导致国际重复征税的根本原因就是税收管辖权的重叠。税收管辖权的重叠包括同种税收管辖权的重叠和不同种税收管辖权的重叠两类。前者主要是由有关国家判定居民身份或所得来源地的标准相互冲突而引发的，后者主要表现为各国居民管辖权与地域管辖权的交叉重叠。因此，国际重复征税的消除，在理论上必须寻求各国税收管辖权的配合和协调。

中国与东盟各国都同时行使居民管辖权和来源地管辖权，但对居民或收入来源地的确认标准上存在明显的差异。例如，在公司所得税居民纳税人标准上，菲律宾采取注册地或实际经营地标准，泰国实行总机构所在地标准。在个人所得税上，中国对自然人居民的认定是时间和住所双重标准，东盟各国多采取的是国际通用的183天的时间标准。

在国际税收实践中，“许多实行居民税收管辖权的发达国家为了促进本国跨国公司与东道国公司开展公平竞争，增强本国税制的国际竞争力，在其公司所得税税制中部分地或有条件地引入免税法，从而使其税制呈现出居住地课税原则与来源地课税原则相互融合，并逐步向来源地

课税原则转移的趋势"[①]，即直接或间接地在一定程度上放弃了居民管辖权。例如，新加坡对居民公司采用税收来源地管辖权，一般只对来源于新加坡的收益征税，对来源于新加坡境外的所得不征税，而只有在居民公司将其国外所得汇入国内时才征收公司所得税。

可见，中国与东盟国家不仅存在着同种税收管辖权的重叠，而且还存在着不同税收管辖权之间的矛盾与冲突，它们是引发中国与东盟国家重复征税的根本原因。因此，有效促成和实现各国税收管辖权的配合和协调，就成为中国与东盟国家减除重复征税的根本。

2. 国际重复征税减除的矛盾

国际重复征税的减除，除了税收管辖权的协调和配合之外，具体的减除方法有扣除法、低税法、免税法和抵免法。中国与东盟各国重复征税的减除，主要采取的是国际通行的抵免法，但也有少数国家部分或全部采取免税、低税或扣除法。即便是抵免法，各国具体规定也各有不同，客观上存在着许多需要协调和完善的地方。例如，中国"企业取得的下列所得已在境外缴纳的所得税税额，可以从其当期应纳税额中抵免，抵免限额为该项所得依照本法规定计算的应纳税额；超过抵免限额的部分，可以在以后五个年度内，用每年度抵免限额抵免当年应抵税额后的余额进行抵补；居民企业从其直接或者间接控制的外国企业分得的来源于中国境外的股息、红利等权益性投资收益，外国企业在境外实际缴纳的所得税税额中属于该项所得负担的部分，可以作为该居民企业的可抵免境外所得税税额，在规定的抵免限额内抵免"[②]。菲律宾税法规定，国内公司就其全部国内外所得纳税，但公司在国外已纳税款可在其汇总纳税时进行抵免，抵免可选择扣除法或抵免法。马来西亚公司所得税应纳税所得额主要是来源于马来西亚的所得。文莱公司所得税的计税

---

① 李顺明，杨清源．中国与东盟国家之间的税收协调问题［J］．税务研究，2010(11)：85-88.

② 《中华人民共和国企业所得税法》第23、24条。

依据为居民公司和外国公司在文莱取得的应纳税所得额。居民公司来自外国所得必须征税，属于英联邦国家的可以通过双边互惠免税协定消除双重课征，但此项免税不得超过文莱税率的一半。柬埔寨税法规定，居民纳税人在外国取得的收入已按外国的税法纳税，可以在柬埔寨王国应缴纳的所得税额中允许税收扣除，但须出示境外的完税凭证。

可见，中国与东盟各国在减除重复征税上不仅存在着多样性的矛盾，而且在对具体抵免的规定上也不同程度地存在着冲突。

四、中国与东盟国家国际反避税政策协调

1. 转让定价税务管理的差异

随着国际经济合作的深入，跨国公司利用转让定价避税的问题日渐突出，它不仅让有关国家蒙受税收损失，还带来了国际税收环境的不公平。为此，各国纷纷采取措施加以防范，转让定价准则应运而生。中国与东盟各国在转让定价税务管理方面的差异主要表现在[①]：

（1）转让定价税务管理的立法差异。在东盟国家中，马来西亚、新加坡、泰国和越南都有比较完善的转让定价税务管理法规。菲律宾正在酝酿出台转让定价准则。印度尼西亚等国目前还没有出台转让定价准则。马来西亚首个转让定价管理条例是2003年7月国内收入局颁布的《转让定价准则》。它规定了符合公平交易原则的转让定价规则。新加坡国内收入局于2006年2月发布了第一个转让定价准则，对文件管理、定价策略、预约定价协议、管理程序、公平交易原则等都作了规定。中国转让定价税务管理经过多年的探索和实践，在理论和实践上都在逐步与国际惯例接轨。我国企业所得税法实施条例中的“特别纳税调整”，为转让定价、资本弱化、一般反避税和受控外国公司等领域进行特别纳税调整提供了法律基础。国家税务总局2009年印发的《特别纳税调整

① 朱青. 中国与东盟成员国转让定价税务管理的比较［J］. 涉外税务，2007（4）：27-30.

实施办法（试行）》，对特别纳税调整尤其是转让定价调查与调整作出了具体规定。

（2）转让定价的审查和调整方法差异。东盟各国在关联企业交易定价问题上都坚持公平交易原则，而且多数国家采用 OECD《转让定价准则》中提出的可比非受控价格法、再销售价格法、成本加成法、利润分割法和交易净利润率法。越南和菲律宾还采用了可比利润法。在调整转让定价各种方法中，东盟各国一般优先使用传统的交易方法。如马来西亚的转让定价准则规定，只有当传统方法不能使用时才能使用利润分割法和交易净利润率法。

在中国，税务机关对纳税人与其关联企业之间的业务往来可以按照下列方法调整计税收入额或者所得额："按照独立企业之间进行的相同或者类似业务活动的价格；按照再销售给无关联关系的第三者的价格所应取得的收入和利润水平；按照成本加合理的费用和利润；按照其他合理的方法。"① 这表明，同大多数东盟国家一样，我国也是在传统交易法不能使用时才能使用利润法。

（3）预约定价协议实行的差异。中国自 1998 年首次引入预约定价制度。《关联企业间业务往来预约定价实施规则（试行）》（国税发〔2004〕118 号）的颁布，对预约定价安排谈判签订步骤、要求及后续监控执行等作出详细规定，从而进一步规范了我国的预约定价安排管理。2008 年 1 月开始实施的《企业所得税法》及其《实施细则》又进行了修订与补充。根据《中国预约定价安排年度报告（2016）》，2005 年 1 月 1 日至 2016 年 12 月 31 日，我国已累计签署 84 例单边预约定价安排和 55 例双边预约定价安排。

目前预约定价协议在东盟成员国还没有广泛推开，只在印度尼西亚、泰国等少数国家的税法中含有双边及多边的预约定价程序。与东盟国家相比，中国已有较为完善的转让定价税务管理的法律法规。因此，

① 《中华人民共和国税收征管法实施细则》第 55 条。

积极推进中国与东盟国家预约定价安排的协调，有利于进一步促进各国税务主管当局之间的交流与合作，有效避免或消除国际重复征税。

2. 国际税收协定的签署与协调

国际税收协定指两个或两个以上的国家为了协调相互间的税收分配关系和税务合作等问题所缔结的具有法律效力的税收契约，它是国际税收政策协调的重要形式，目的在于协调和克服缔约国之间税收管辖权和税收利益的冲突，从而避免国际重复征税以及防止偷逃税的泛滥。现实中，随着国际经济关系的深入而出现的跨国纳税人和跨国征税对象的日趋普遍化已成不可逆转的潮流，通过国与国之间协商谈判缔结国际税收协定来避免或减轻国际重复征税问题，已成为国际税收政策协调的重要方式。

目前，中国与东盟国家税收协定的签署及存在的问题如下：

（1）尚未健全双边税收协定网络。与发达国家相比，中国开展国际税收协定的谈判签订较晚，但进展却很快。截至 2017 年 12 月，中国不仅已与 103 个国家或地区正式签署或修订了避免双重征税协定（不包括与香港、澳门和台湾地区签订的避免双重征税协定），还签署了《多边税收征管互助公约》《金融账户涉税信息自动交换多边主管当局间协议》《实施税收协定相关措施以防止税基侵蚀和利润转移（BEPS，Base Erosion and Profit Shifting）的多边公约》三个多边税收条约[①]，基本形成了广泛的协定网络。其中，按时间顺序，中国已先后与马来西亚、新加坡、泰国、越南、老挝、菲律宾、印度尼西亚、文莱、柬埔寨等签署了避免双边税收协定，但与缅甸尚未签署协定（参见表 2-8）；在内容上，中国与东盟国家签署的双边税收协定，初步解决了中国与东盟国家间的有关国际税收问题，但它们大多是在 20 世纪八九十年代谈判签订的建立在互惠原则基础上的传统税收协定，客观上与当前国际税收协定

---

① 国家税务总局．我国签订的多边税收条约和我国签订的避免双重征税协定一览表［EB/OL］．http：//www.chinatax.gov.cn/n810341/n810770/index.html.

在区域性多边税收协定、最惠国待遇条款（约）引入和防范税收协定滥用等发展趋势不相适宜。例如，在 2016 年中国与柬埔寨签署的税收协定中，虽然纳入 BEPS 成果对作为来源国的柬埔寨有利，但由于柬埔寨对 BEPS 缺乏了解，协定中也没有纳入 BEPS 成果。

表 2－8　　中国与东盟国家签订避免双重征税协定一览表

国家	签署日期	生效日期	执行日期
马来西亚	1985. 11. 23	1986. 9. 14	1987. 1. 1
泰国	1986. 10. 27	1986. 12. 29	1987. 1. 1
越南	1995. 5. 17	1996. 10. 18	1997. 1. 1
老挝	1999. 1. 25	1999. 6. 22	2000. 1. 1
菲律宾	1999. 11. 18	2001. 3. 23	2002. 1. 1
印度尼西亚	2001. 11. 7	2003. 8. 25	2004. 1. 1
文莱	2004. 9. 21	2006. 12. 29	2007. 1. 1
新加坡	2007. 7. 11	2007. 9. 18	2008. 1. 1
柬埔寨	2016. 10. 13	2018. 1. 26	2019. 1. 1

资料来源：《我国签订的避免双重征税协定一览表》，http：//www. chinatax. gov. cn/n810341/n810770/index. html。

*：中国与新加坡的税收协定最早于 1986 年 4 月 18 日签署。

（2）税收协定形式单一，作用有限。除了中国与东盟国家签署的避免双重征税协定外，东盟各国签署的《共同有效优惠关税协定》① 和中国与东盟《全面框架协议》及《货物贸易协议》等都涉及或包含了有关税收协定的内容，对中国—东盟自由贸易区的关税减让和取消作出了具体安排，并由此拉开了自由贸易区框架下各国谈判签订多边税收协定的序幕。需要注意的是，这虽然在形式上具有了一些多边税收协定的性质，但在内容和实质上离真正的多边税收协定还有较远的距离。总体上，中国与东盟各国之间国际税收政策协调主要体现在各国之间签订的避免双重征税和防止偷逃税的双边协定上（主要涉及所得和财产课税），双方还没有签订消除社会保障税重复征税等方面的协定。中国与

① ASEAN Secretariat（1992）. Agreement on the Common Effective Preferential Traiff（CEPT）Scheme for the ASEAN Free Trade Area. http：//www. aseansec. org? 10150.

东盟各国的税收协定在形式、内容及作用上都还存在着许多局限性，其中新加坡、越南、缅甸等还是国际有名的避税港或低税国，中国与东盟各国在税收协定中应有的反避税合作和防范税收协定滥用等并没有得到真正开展。更为严重的是，这种以双边协定为主的税收协定协调，不仅受制于双边协定的缺陷难以真正实现中国与东盟国家国际税收协调，而且在一定意义上还增加了各国国际税收协调的难度。

五、中国与东盟国际税收政策协调存在的问题

综合来看，中国与东盟国家的国际税收政策协调已在不同层面上不同程度地展开，但仍然存在一些问题。

1. 协调内容相对陈旧，形式单一

一般而言，国际税收政策协调不仅涉及税收管辖权、税制与税收政策和税务合作等方面，而且所采取的形式也是多种多样的（如税制改革、税收宣言、税收协定、区域或国际税收组织协调）。但在中国与东盟国家间，目前税收政策协调主要还局限于关税协调、避免双重征税和防止偷漏税等方面，所采取的形式也主要以传统双边税收协定为主，对具有重要影响力的增值税、所得税等税种及政策的协调涉及不多，多数避免双重征税协定签署的时间早，及时沟通和更新不够，在积极参与国际税收规则制定、主动融入 BEPS 行动计划等方面还十分薄弱。这既不能适应正在日益扩展的国际商品、服务、人员和资本等生产要素流动的趋势，又和中国与东盟国家全面经济合作升级发展的客观要求不相吻合。

2. 协调的范围小，程度不够

从中国与东盟国家现有税收协定的现状出发，我们可以看到：一方面，中国与东盟国家税收协定签订的数量少、普及程度差；另一方面，税收协定的形式及其范围狭窄、协调机制欠缺多样化和深入的拓展。“中国—东盟税收协定覆盖率约为 50.9%，而欧盟的税收协定覆盖率已

高达96.6%”①。特别是老挝、柬埔寨、缅甸、文莱等国家对外签署的税收协定非常少，中国至今也没有和缅甸签订税收协定。同时，中国、东盟各国签订的大多是传统双边税收协定，缺乏与区域经济一体化发展相适应的多边税收协定，在参与国际税收协定规则制定、主动融入BEPS行动计划等方面还较为薄弱。同时，中国和东盟还没有促进人员自由流动、消除社会保障税重复征税等方面的社会保障协定②。此外，由于受经济发展水平及其他现实因素的制约，中国与东盟各国税收征管合作的范围和力度也很小，税收信息交换内容仅局限于双边税收协定中传统条款的规定，防范国际税收协定滥用、反避税合作等尚未真正开展起来，税收征管协调与合作也尚未形成有效机制。

3. 缺乏区域性的协调组织机构和理论研究

虽然《中国—东盟全面经济合作框架协议》提出了“各缔约方在必要时可以建立其他机构来协调和实施依照本协议开展的任何经济合作活动”，但由于中国—东盟自由贸易区本身没有常设机构，“目前中国与东盟国家还没有一个专门组织机构对税收政策进行协调和研究，故造成双方在税收政策协调上缺乏有力的组织实施和理论支持，客观上也减缓了中国与东盟国家税收政策协调的步伐”③。此外，中国与东盟国家还存在着税收协定争端解决机制缺失等问题，不仅使税收协定具体执行中后续事宜的协商解决缺乏细化可行路径指引，还进一步加大了税收政策协调的困难。

总之，在中国—东盟互不干涉内政、协商一致的自主性、松散型、多层次经济合作模式约束和地区开放主义的统一市场建构目标下，中国与东盟国家税收政策协调，“既有协调困难多，协调滞后性较明显，求

① “中国—东盟税收问题研究”课题组．中国—东盟税收协调问题研究［J］．涉外税务，2008（4）：18.

② 同上。

③ 赵仁平，张春皓．中国—东盟自贸区升级谈判中的税收协调［J］．国际税收，2015（11）：6－9.

同存异难度大的一面，更有迫切需要应对这些情况，维护各国税收权益，加大税收政策协调力度，拓展税收政策协调空间，最大化地消除税收障碍，加强经济交往与合作的一面”①。

第三节　国际债务政策协调

国际债务是国际信贷合作和国家公债的重要内容。现实中，国际债务又是一把“双刃剑”，在推动国际社会经济发展的同时有可能形成严重的债务负担和风险，引致债务危机和危及社会政治经济的稳定。因此，国际债务政策协调在国际经济合作和国际财政政策协调中具有重要意义。

一、衡量国际债务风险的指标

从国民经济的角度来看，合理的国际债务规模与结构将有助于国民经济的健康发展，反之则有可能导致经济社会发展的不稳定甚至引发债务危机。世界银行衡量外债规模和风险，常用的指标主要有偿债率、债务率、负债率、偿息率等。

1. 债务率

债务率是当年外债余额与当年出口商品与劳务营业收入总额之间的比率，反映一国出口创汇收入与外债清偿能力之间的关系。一般认为该指标不应超过100%。

2. 负债率

负债率是外债余额与国内生产总值（或国民收入）的比率，它衡

① 赵仁平，张春皓．中国—东盟自贸区升级谈判中的税收协调［J］．国际税收，2015（11）：6-9.

量的是一国外债规模与整个国民经济发展的关系，反映一国国内生产总值（或国民收入）的外债负担能力。通常认为，外债负债率的警戒区间为 20%—50%。

3. 偿债率

偿债率是外债付息额与出口商品和劳务营业收入总额的比率，反映的是一国外债还本付息负担水平的高低和外债危机发生的可能性。一般认为该指标警戒值应控制在 20%—30%。

4. 偿息率

偿息率是外债利息支付额与国内生产总值（或国民收入）的比率，反映一国国民经济的外债承受能力和整体外债负担规模和水平。一般认为，发展中国家的偿息率应控制在 5% 以内。

二、中国与东盟国家的国际债务

中国与东盟国家国际债务规模与风险的差异较大。东南亚金融危机以来，中国和东盟国家都十分重视外债负担并加强风险防范，因此，目前中国与东盟国家的国际债务整体状况良好，区域性债务风险相对较小。具体来看，东盟国家中人均 GDP 最高的两个国家——新加坡和文莱都没有外债，因此这两国的外债负担和风险最低（为零）。除新加坡和文莱外，其余各国的外债规模和负担水平高低不一，部分国家债务负担较重，存在着一定的债务风险。按照世界银行国际债务统计数据，老挝、印度尼西亚、马来西亚、菲律宾、柬埔寨、越南等国的债务率和负债率都比较高，其中老挝和印度尼西亚的债务率分别为 327.9% 和 184.2%，远高于低收入和中等收入国家平均水平；而从负债率和偿债率指标来看，最高的是印度尼西亚和老挝，也远高于低收入和中等收入国家平均水平。比较而言，缅甸、菲律宾等国的负债率较低，虽然债务负担和风险较低，但它们又在一定程度上反映了经济发展水平较低对举借外债的制约和影响。与东盟国家相比，中国的外债管理较为规范和严格，外债整体规模和负担水平都比较低，不仅远远低于东亚及环太平洋（含高收入国家）和欧洲及中亚国家（含高收入国家）的平均水平，还低于大多数东盟国家，外债的可持续性强。具体见表2－9。

表2－9　2016年中国与东盟国家外债规模情况比较

国家或地区	债务率（%）	负债率（%）	偿债率（%）	债息率（%）
印度尼西亚	184.2	35.1	6.3	1.2
柬埔寨	76.4	54.4	1.3	1.0
缅甸	48.6	11.3*	0.1	—
泰国	42.3	32.4	0.7	0.5
越南	45.9	45.6	0.8	0.8
菲律宾	92.5	21.1	4.0	0.9
马来西亚	94.5	69.6	1.9	1.4
老挝	327.9	93.1	5.3	1.5
中国	59.0	12.8	1.5	0.3
低收入和中等收入国家	106.7	26.0	3.5	0.9
东亚及太平洋（含高收入国家）	67.6	17.2	1.8	0.4
欧洲及中亚（含高收入国家）	168.0	53.3	5.9	1.9

资料来源：世界银行国际债务统计数据，http：//datatopics.worldbank.org/debt/ids/。

*：该数据为2015年度数据。

三、国际债务政策协调的缺失

在国际经济合作中，如果一个国家或区域国际债务累积到一定程度并形成债务危机时，不仅会引发财政风险危及各国或区域经济社会的稳定，而且还有可能通过各种渠道传导到其他国家或地区甚至影响到世界经济的健康运行。纵观20世纪80年代以来的国际债务危机包括近年来的欧洲主权债务危机，其爆发的主要原因就是债务国盲目借贷了大量债务且资金使用效率低、债务规模过大和债务结构不合理，而债务危机又往往会引发和加剧金融危机。即便是墨西哥、泰国等占全球经济总量较小的国家，其债务危机也可能对整个世界经济运行秩序带来巨大冲击。

从中国与东盟国家国际债务实践来看，存在着单边或双边层次的减免国际债务等实践。比如，根据柬埔寨财经部公共债务报告，从 1993 年至 2016 年底，柬埔寨与中国所签署的协议贷款总额近 36 亿美元，占其政府公共债务总额的 43.32%。仅 2016 年，中国政府就签署相关协议，免除了柬埔寨 6.27 亿元人民币（约 9065 万美元）的债务①。但是，中国与东盟国家却很少或基本没有从区域财政安全和债务风险防范的角度出发，提出或构建中国与东盟国家的国际债务政策协调体系。

中国与东盟国家国际债务政策协调的缺失，主要表现在以下两个方面：

第一，中国与东盟各国债务风险差异较大，相互间缺乏信息沟通和协调机制。从整体上看，中国与东盟各国国际债务状况较好，区域内存在着实现财政安全和国际债务风险防范的有利条件，但是却缺乏信息沟通和交换机制，也缺乏具体的协调思路和措施。

第二，中国与东盟国家国际债务政策协调意识和理论研究不够。中国与东盟国家整体上债务规模和负担水平不高，但其潜在的债务风险不可低估，在区域范围内还存在着少数国家外债风险较大或引致整个区域债务危机的可能性。现实中，各国在应对债务风险时，基本上是立足于各国国家财政安全的角度去研究，很少或基本上没有寻求区域层次上的政策协调和机制构建。

总之，中国与东盟各国国际债务政策协调的实践在逐步增多，但有关国际债务政策协调的理论研究仍很欠缺，整体上处于一种制度缺失的状态。

---

① 柬埔寨国债近半来自中国，总共 83 亿美元，http：//www.sohu.com/a/134927193_531716。

第四节 国际投资政策协调

国际投资是当代国际经济合作的重要内容和国际财政支出的基本形式，它既表现为国际经济活动中各种形式的投资行为，也表现在规范国际投资的协定和政策协调上，不仅直接影响着国际生产要素的流动，还关系到各国财政利益的实现和经济的增长与发展。中国与东盟国家的国际投资政策主要包括两个层次：一是中国与东盟各国为吸引外资和促进对外投资的单边投资政策与立法，二是中国与东盟国家间双边或多边性质的投资协定给出的投资政策规范。

一、中国和东盟各国吸引外资的政策及协调

1. 东盟国家吸引外资的政策及成效

外国投资通常被看作是经济增长的引擎、外汇收入的源泉、当地经济的催化剂以及外国技术、信息和专利的来源，因而受到世界各国特别是发展中国家的欢迎。中国与东盟国家在对外开放促进经济发展的过程中，大多采取了发展外向型经济、致力于吸引外资带动本国对外贸易及经济发展的策略。虽然各国在不同时期吸引外资政策的具体内容和形式有所不同，但出于资金需求及地区竞争等考虑，多采取幅度较大、优惠程度较高的财税优惠政策，加强对投资和投资者的保护，不断推进投资自由化，重视投资争端的解决及其机制的构建。如马来西亚政府鼓励外国投资者到其出口导向型的产业和高科技领域投资，外国企业在马来西亚投资享受最惠国待遇，外资享有的优惠政策包括：“新兴工业地位（PS），公司可获准减免所得税的70%—100%，免税期为5—10年；投资税务补贴（ITA），5年内可享受合格资本支出的60%—100%的税务

补贴；行业优惠政策包括对生产清真食品的公司享受合格资本支出100%的投资税务补贴和获‘多媒体超级走廊’地位的公司（主要是通讯及信息技术公司）10年内免缴所得税、5年内申请财税津贴以及生物科技公司免缴10年所得税、免缴印花税、免缴5年的不动产收益税等等”①。又如，泰国投资促进委员会（BOI）在其最新制定的2015—2021年投资促进战略中，构建了按行业类别与行业重要性享受优惠权益和按项目价值享受额外优惠权益的新投资鼓励政策，这些自由投资政策和吸引投资鼓励措施包括：“外商拥有100%所有权，没有本地化要求，没有出口要求，无外汇限制；税务优惠权益主要内容：免机器进口税，最高可免13年企业所得税，再加5年税收减半，公共设施建设费按照双倍为成本，免除基建成本限制项；此外，还给予持有土地所有权，简化工作证、签证办理过程等一系列优惠权益”②。又如，柬埔寨政府对投资者提供的投资保障包括：外资与内资给予同等待遇；不实行损害投资者财产的国有化政策；不对已获批准的投资项目的产品价格和服务价格进行管制；不实行外汇管制。具体的投资优惠措施包括：“免征生产设备、建筑材料、零配件和原材料等的进口关税；可享受3—8年的免税期（经济特区最长可达9年），免税期后按税法缴纳税率为9%的利润税；利润再投资，免征利润税；分配红利不征税；产品出口，免征出口税”③。再如，文莱政府重视建设良好的商业和投资环境，为外国投资提供了最宽松的税收环境：“免征流转税、个人所得税等诸多税种，提供‘先锋产业’政策，对国内亟须发展的行业实施企业所得税和设备进口关税减免，免税期高达11年，出口型服务行业可享受长

① 中国驻马来西亚大使馆经济商务参赞处．马来西亚投资政策．http：//my. mofcom. gov. cn/article/ddfg/tzzhch/201303/20130300062938. shtml.

② 泰国投资促进委员会（BOI）．投资促进政策．http：//images. mofcom. gov. cn/th/201804/20180404131659350. pdf.

③ 中国驻柬埔寨大使馆经济商务参赞处．柬埔寨对外国投资的优惠政策．http：//cb. mofcom. gov. cn/article/ddfg/201404/20140400559830. shtml.

达20年的免税政策，并可根据后续投资情况延长免税期”①。

在多样化吸引外资政策的推动和影响下，东盟国家在20世纪80年代后期和90年代中前期曾先后出现过两次引资高潮。东盟吸引的外国直接投资（FDI），1985年为502亿美元，1990年为899亿美元，1995年为1706亿美元；东盟占全球外国直接投资流入量的比重，从1985年的3.9%上升到1997年的6.8%。受亚洲金融危机的影响，东盟各国的外国直接投资曾一度持续下滑，但2004年以来，东盟各国吸引外资的能力又不断增强。受2008年以来全球金融危机和欧洲主权债务危机等的影响，全球外国直接投资总量曾一度下滑，但东盟国家的外国直接投资却日益强劲。2009年，东盟国家外国直接投资流入量为477.9亿美元，2012年增加到1112.9亿美元，成为发展中国家吸引外国直接投资的亮点②。根据联合国贸易和发展组织发布的2016年、2017年《世界投资报告》，2015年全球外国直接投资强劲复苏，东盟国家外国直接投资流入量也呈现大幅增长。但是，2016年，东盟国家外国直接投资流入量下降了20%，降至1010亿美元；其中，新加坡作为东盟国家中外国直接投资的主要接收国，下降了13%，只有620亿美元；在马来西亚和泰国，外国跨国企业大量撤资导致外国直接投资骤降；印度尼西亚在第四季度总流入量下降至30亿美元的低位。相比之下，菲律宾和越南的外国直接投资流入略有增长③。

2. 中国吸引外资的政策及成效

利用外资是中国对外开放的基本国策和构建开放型经济新体制的重要内容。在改革开放的过程中，中国制定了多层次的吸引外资政策，政策目标也从早期弥补建设资金缺口到引进国外先进技术，即“以市场

① 中国驻文莱大使馆经济商务参赞处．文莱投资环境［EB/OL］．http：//bn. mofcom. gov. cn/article/ddfg/tzzhch/200304/20030400082065. shtml.

② 李湘纯．东盟外国投资的决定因素研究——基于经济视角和制度视角［J］．现代经济信息，2015（2X）：118.

③ 人民网．联合国发布《2017年世界投资报告》：中国成为全球第二大投资国［EB/OL］．http：//world. people. com. cn/n1/2017/0608/c1002－29326525. html.

换技术”向引进国外先进技术、管理经验和高素质人才进而推进制度变迁及创新能力提升演化。特别是从20世纪90年代开始，基于人力资源丰富、劳动力成本低和稳定、高速发展的政治经济条件、日渐改善的投资环境和一系列鼓励外资进入的优惠政策和措施，中国吸引外资的成效在发展中国家中始终处于领先水平。当前，为贯彻落实全面开放新格局的决策部署，适应我国经济由高速增长转向高质量发展的要求，国务院出台了《关于积极有效利用外资推动经济高质量发展若干措施的通知》（国发〔2018〕19号），从投资自由化、投资便利化、投资促进、投资保护等方面推出多项重要举措，这对我国主动扩大对外开放、构建更加公平利用外资的环境将起到积极的推动作用。

改革开放以来，中国吸收外资规模不断扩大。1983年，中国实际利用外资额（包括外商直接投资额和其他投资额）仅为22.6亿美元，1993年增加到389.55亿美元，2008年达到952.53亿美元；2009年受全球金融危机的影响，中国吸收外资额曾出现小幅下降。近年来，中国实际利用外资额持续增长，成为全球跨国投资主要目的地之一。“2010年，我国实际利用外资额增加到1088.2亿美元，2016年达到1260.01亿美元”①。2017年，在全球跨国投资总量下降的形势下，“中国实际利用外资总额增加到1363亿美元，仅次于美国，位居全球第二”②。

总体上看，东盟国家普遍都有着较为完善的吸引外资的政策，特别是20世纪八九十年代以来又多次修改和调整了吸引外资鼓励外资的政策③，这些政策在内容和发展趋势上与中国吸引外资的政策有所趋同，甚至在很多方面还比中国吸引外资的政策优越。当然，这种趋同既有国

① 中华人民共和国国家统计局国家数据（年度数据），http：//data.stats.gov.cn/index.htm。

② United Nations. World Invest Report 2018——Investment and New Industrial Polices. New York and Geneva，2018：21.

③ 如马来西亚1960年制定的《投资奖励法》，在1986年、1992年和东南亚金融危机后曾多次修改；泰国1972年制定的《外商投资法》和1977年制定的《鼓励投资法》，分别在1998年、1993年和进入21世纪后进行了调整；越南1987年制定的《外国投资法》，也在1990年、1996年、2000年和近年来多次修订补充，等等。

际和区域经济一体化发展的原因，又与东盟各国相似的经济水平、文化及历史发展等相关联。但不可否认的是，改革开放以来中国逐步成为世界上最有吸引力的投资地之一，已经或可能将投向东盟国家的部分外资吸引过来，中国与东盟国家间在一定范围内存在的引资博弈和竞争关系成为东盟国家针对中国的外资政策而修改和调整其外资政策的重要原因之一①。因此，进一步推进中国与东盟国家吸引外资政策的协调，是创造更加稳定有序的投资环境、协调解决投资领域可能存在的矛盾、消除各国内外直接投资法规的杂乱以及由此可能引发的恶性竞争等的关键。

二、中国与东盟国家间直接投资政策及协调

1. 东盟国家对中国的直接投资及政策变化

中国和东盟国家在制定利用外资政策采取各种有效措施吸引外国直接投资的同时，也不断开展了对外投资活动。具体来看，中国和东盟国家中经济发展水平较高的新加坡、文莱等国都制定了较为完善的对外投资政策，它们的对外直接投资规模较大，增长迅速；而经济发展水平相对不高的越南、缅甸、柬埔寨等国则更多的是这些外国投资的对象。

近年来，东盟国家对中国直接投资总额增长较快：2007 年，东盟十国对中国实际投资总额为 43.91 亿美元，2013 年增加到 83.47 亿美元，2016 年为 65.31 亿美元（见表 2 - 10）。分国别来看，新加坡的“区域化经济发展战略”，大力向海外投资。截至 2016 年底，新加坡对

---

① 杨宏恩以日本国际直接投资为视角，分析和研究了中国与东盟国家之间的引资博弈和竞争关系；周毓萍等指出，中国吸引外资的浪潮给东南亚国家带来了忧虑，双方吸引外资方面的竞争在一定范围内是存在的，但中国并没有占据其他国家吸引外资的空间，反而刺激了其他国家的互补性投资，而且这种互补性还可能会持续下去。参见杨宏恩《中国与东盟国家的引资博弈——以日本国际直接投资为视角》（《生产力研究》2006 年第 6 期，135 - 136 页）和周毓萍、桑杰尔 · 拉尔《中国吸引外资对东南亚国家吸引外资影响的实证研究》（《国际贸易问题》2005 年第 12 期，54 页）。

外直接投资累计达7646亿新元，主要集中在金融服务业和制造业，直接投资主要对象国为中国、英国、印度尼西亚、马来西亚①。特别是2009年《中新自由贸易协定》签署以来，双边经济合作进入更为密切、成熟的新阶段。据统计，“目前中国为新加坡第一大货物贸易伙伴（自2013年起）、第二大服务贸易伙伴（自2014年起）、对外投资第一大目的国（自2007年起）。同时，2013年以来，新加坡成为中国第一大外资来源国、第三大外派劳务市场、中国第二大对外直接投资目的国（自2015年起）；新加坡在中国贸易伙伴中的排名在第十名左右（超过中国与英国、俄罗斯、印度、巴西等国的贸易额）”②。泰国在吸引外国投资的同时对外直接投资也不断增加，主要对美国、东盟、中国大陆及中国台湾地区投资。2017年泰国新增对华投资额1.1亿美元，同比增长96.3%③。“文莱对华直接投资主要以在文莱金融中心注册的离岸公司在华投资为主，截至2014年12月累计实际对华投资额为26.2亿美元”④。

表2-10　近年来东盟国家对中国实际投资额　（单位：万美元）

国家	2007年	2013年	2016年
文莱	37688	13319	6567
缅甸	326	585	2
柬埔寨	634	2251	—
印度尼西亚	13441	12623	6399
老挝	300	—	—

① 中华人民共和国外交部．新加坡国家概况［EB/OL］．http：//www.fmprc.gov.cn/web/gjhdq_676201/gj_676203/yz_676205/1206_677076/1206x0_677078/.

② 中国驻新加坡大使馆经济商务参赞处．中新经贸合作情况概述［EB/OL］．http://sg.mofcom.gov.cn/article/ztjx/zxhzqk/201705/20170502580297.shtml.

③ 中华人民共和国外交部．泰国国家概况［EB/OL］．http：//www.fmprc.gov.cn/web/gjhdq_676201/gj_676203/yz_676205/1206_676932/1206x0_676934/.

④ 中国驻文莱大使馆经济商务参赞处．2014文莱对华投资情况［EB/OL］．http：//bn.mofcom.gov.cn/article/zxhz/zhxm/201507/20150701037771.shtml.

续表

国家	2007 年	2013 年	2016 年
马来西亚	39725	28053	22113
菲律宾	19532	6726	7760
新加坡	318457	722872	604668
泰国	8948	48305	5615
越南	73	—	—
合计	439124	834734	653124

资料来源：根据中华人民共和国统计局国家数据（年度数据）计算（http：//data.stats.gov.cn/easyquery.htm？cn = C01）。

2. 中国对东盟国家的直接投资及政策变化

伴随着改革开放的进程，中国也经历了由积极吸引外资，再到鼓励企业“走出去”进行对外直接投资的重大变迁。进入 21 世纪，我国政府将“走出去”提高到国家战略层面并写进“十五计划纲要”。近年来，国家为鼓励“走出去”战略的实施，相关部门制定并调整了一系列对外投资政策，它们包括加大融资支持、加强国别及潜力行业引导、稳步推进投资便利化、重视风险防控、倡导企业海外社会责任方面的政策①，既有监管和法律保障方面的政策，又有提供优惠鼓励方面的政策，这对中国对外直接投资规模和速度的跨越式发展具有重要作用。

2002 年以来，中国对外投资一直保持快速增长势头。据商务部、国家统计局等部门统计，2002 年，中国对外投资总额为 27.0 亿美元，在全球位居第 26 位。2016 年，中国对外直接投资快速发展，对外投资流量达到 1961.5 亿美元，增长 34.7%，继续保持全球第二位（2015 年开始跃居第二位），占全球的比重超过了 13%②；年末对外直接投资累

① 例如，2009 年商务部公布了《境外投资管理办法》，2013 年商务部和环境保护部联合发布了《对外投资合作环境保护指南》等（陶攀，洪俊杰，刘志强．中国对外直接投资政策体系的形成及完善建议［J］．国际贸易，2013（9）：42 - 44）。

② 根据联合国贸发会议（UNCTAD）《2017 世界投资报告》，2016 年全球外国直接投资流出流量 1.45 万亿美元。据此计算，2016 年中国对外直接投资约占全球直接投资流量的 13.5%。

计净额达 13573.9 亿美元，成为国际投资大国；同年，中国对外承包工程继续保持平稳增长。截至 2016 年年底，对外承包工程累计签订合同 18156.6 亿美元，完成营业额 12486.5 亿美元①。

伴随着中国与东盟国家对外投资政策的不断调整和完善，中国与东盟国家间的相互投资稳步增长，投资规模不断扩大。根据商务部等部门发布的《2019 年度中国对外直接投资统计公报》，2019 年，中国对东盟十国的投资为 130.2 亿美元，同比下降 4.9%，占对亚洲投资的 11.8%；其中，中国对新加坡、印度尼西亚、越南、泰国、老挝、马来西亚和柬埔寨分别位于中国对外直接投资流量的第 3、6、9、11、13、14 和 20 位。2019 年年末，中国在亚洲的投资存量为 14602.2 亿美元，主要分布在中国香港、新加坡、印度尼西亚、中国澳门、老挝、马来西亚、阿拉伯联合酋长国、哈萨克斯坦、泰国、越南、韩国、柬埔寨等；其中，中国对东盟的直接投资存量为 1098.9 亿美元②，占中国在发展中经济体投资存量的 5.7%。

可见，立足于区域经济发展的客观要求，中国和东盟国家在其对外投资政策上也更加注重双方间投资关系的加强和改善，双方的投资关系正在日益密切，双边投资额都呈现出良好的增长势头。

三、中国与东盟国家投资协定协调与局限

世界各国出于促进和保护国际投资，推进投资自由化、便利化和规范化的需要，纷纷制定和签署了各个层面的国际投资协定和条约，构成国际投资政策协调的重要内容和制度安排。一定意义上，国际投资协定可以看作是投资保护和投资促进之间达成的一种均衡博弈的结果，它不

---

① 中华人民共和国商务部．中国对外投资合作发展报告（2017）．http://fec.mofcom.gov.cn/article/tzhzcj/tzhz/upload/zgdwtzhzfzbg2017.pdf.

② 根据商务部等部门发布的《2017 年度中国对外直接投资统计公报》，2016 年年底，中国对东盟直接投资存量为 715.54 亿美元。

仅是政策协调的内容，还是政策协调的结果。当代国际投资协定的发展，不仅表现在数量的增多和内容的丰富（在传统投资保护的基础上增加了投资促进与投资自由化），而且表现在双边与区域协定的发展较快（与此相应的是多边投资协定进展缓慢）。“截至 2016 年 12 月，中国已与 104 个国家或地区签订或重新签订了双边投资协定”①。

中国与东盟国家的投资协定协调，主要包括两个层次：一是中国与东盟各国签署的双边国际投资协定协调，二是在中国—东盟自由贸易区框架下具有区域国际投资协定和多边国际投资协定性质的协调。

1. 亟待修订、完善的双边国际投资协定

改革开放以来，中国对谈判签订双边投资协定一直持积极态度。到 21 世纪初，中国已与东盟十国分别签订了双边投资保护协定（见表 2-11），达成了相互鼓励和保护投资的协议，并对投资争议解决等问题作出了明确的规定。

表 2-11　　中国与东盟国家签订的双边投资保护协定*

国家	签署时间	有效期
泰国	1985 年 3 月	10 年
新加坡	1985 年 11 月	15 年
马来西亚	1988 年 11 月	15 年
菲律宾	1992 年 7 月	10 年
越南	1992 年 12 月	10 年
老挝	1993 年 1 月	10 年
印度尼西亚	1994 年 11 月	10 年
柬埔寨	1996 年 7 月	5 年
文莱	2000 年 11 月	10 年
缅甸	2001 年 12 月	10 年

资料来源：中国商务部条法司．我国对外签订双边投资协定一览表．http：//tfs. mofcom. gov. cn/article/Nocategory/201111/20111107819474. shtml。

*：所有协定都明确规定，如有效期满前未书面通知终止，应继续有效。

---

① 中国商务部条法司．我国对外签订双边投资协定一览表［EB/OL］．http：//tfs. mofcom. gov. cn/article/Nocategory/201111/20111107819474. shtml.

理论上，不断发展与完善双边国际投资协定，主要目的是通过扩展、完善保护投资者利益，减少投资争议并与国际仲裁协调，从而达到扩大、促进国际投资的目的。中国与东盟国家签署的双边投资协定，为双方投资活动的开展提供了政策依据和基本制度保障，并由此奠定了中国与东盟国家投资政策协调的基础。但是，目前中国与东盟国家签署的双边投资协定，多数签订时间都在 20 世纪八九十年代，有的有效期较短，目前全部超过了最初的有效期，虽然这些条约仍未失效，但是都处于随时可能被任何一方终止的状态；在内容上，中国与东盟国家签订的双边投资保护协定基本属于传统鼓励和保护投资政策的范畴，难以适应当前国际投资活动和投资协定发展的新要求和新趋势。比如，在相互投资政治风险保证的规定上，各个协定之间的规定不尽相同，法律适用上差异较大；而在对外资企业的征用或国有化的征收条件、补偿数额等方面，不同国家之间也有着不同的规定。总体来看，由于各国经济发展水平和经济体制差异等因素的影响，中国与东盟国家现有双边协定对市场准入和国民待遇等投资自由化和便利化的条款内容较少，双边投资协定存在着在内容和机制上不完整和不协调的问题。

2. 日益发展的多层次区域性投资协定及政策协调

伴随着东盟和中国—东盟自由贸易区的建设和发展历程，中国与东盟国家开始初步形成多层次区域性投资协定及政策协调的基本框架。

东盟作为东亚地区一体化最早的区域经济组织，在投资自由化和区域性投资协定的签订上依然取得了较大的成就。1987 年，东盟六国就达成了第一个专门的区域性多边投资文件——东盟《关于促进和保护投资协定》，适用于东盟成员之间的直接投资，并由此奠定了东盟区域内投资逐步自由化的政策基础。但是，东盟《关于促进和保护投资协议》仅仅赋予外国投资以最惠国待遇，而没有普遍赋予国民待遇，这又在一定程度上阻碍了东盟内部相互投资的发展。随着东盟自由贸易区进程的加速，投资自由化的进程也不断加快。1998 年，东盟各国签署了《东盟投资区框架协定》，旨在营造一个更自由、更透明的投资环境，计划于2010年前建设具有竞争力的东盟投资区。此外，在《东盟经济合作框架协议》（1992年）、《东盟服务贸易框架协议》（1995年）、《促进东盟投资环境的短期措施协议》（1999年）和《电子东盟框架协议》（2000年）等一系列重要协议中，都包含着促进东盟贸易投资自由化和便利化的一系列措施和内容。总之，《东盟投资区框架协定》等重要协议不仅构建了东盟国家区域性投资协定及政策协调的框架，还为中国—东盟自由贸易区投资协定及政策协调提供了重要参照和基础。

中国与东盟国家于2002年签署的《全面框架协议》，提出了投资自由化的目标和框架，并规定了投资协议谈判的进程。此后，在中国与东盟国家《货物贸易协议》、《争端解决机制协议》和《服务贸易协议》中，也都包含着一些关于中国—东盟自由贸易区国际投资协定的条款和规则。中国与东盟于2009年8月签署的《投资协议》，是中国—东盟自由贸易区多边国际投资协定和投资政策协调的重要体现和内容。《投资协议》包括27条条款，主要涉及适用范围、国民待遇、最惠国待遇、投资待遇、征收、损失补偿、转移和利润汇回、国际收支平衡保障措施、争端解决、透明度、投资促进、投资便利等，旨在建立自由、便利、透明和竞争的投资体制和创造一个自由、便利、透明及公平的投资环境，有利于促进区域性投资自由化和规范化的进一步发展。此外，2005年7月，《GMS贸易投资便利化战略行动框架》的批准，也可以看作是中国与东盟国家间区域性多边国际投资协定的有机组成。

此外，中国与东盟国家参加的其他国际投资的公约，也是中国与东盟国家间具有多边国际投资协定性质的重要内容。其中最有代表性的是《多边投资担保机构公约》（简称MIGA公约）和《关于解决国家和他国国民之间投资争端公约》（简称ICSID公约），前者意图通过提供非商业风险保险（如汇兑管制、征收、毁约、战争和内乱等）来促进发展中国家吸引外国直接投资；后者旨在解决各缔约国和其他缔约国国民之间的投资争端，确保投资争端解决的“非政治化”，促进国际直接投资的发展。中国于1991年、1992年先后加入了这两个公约；“东盟各国除了文莱、缅甸外，其他各国都已加入了MIGA公约；而泰国、新加坡、菲律宾、马来西亚、印度尼西亚、文莱、柬埔寨也是 ICSID 公约的缔约国（老挝、缅甸、越南未参加）”①。这在更广范围内为中国与东盟国家国际投资协定及政策的进一步协调提供了可能和制度参考。

总之，中国与东盟国家虽已初步形成了由单边投资法律及政策、双边投资协定和区域性多边国际投资协定共同组成的国际投资协定及政策协调框架，但是，单边投资法律及政策之间的竞争与冲突，双边投资协定及政策内容的不完备和不协调以及区域或国际性多边投资协定及政策作用的有限等，均表明中国与东盟国家间的国际投资政策协调不仅基础薄弱，而且协调的层次和程度也不够，这不仅直观地反映了中国与东盟国家间国际投资发展不充分的现实，而且将在一定程度上影响和制约着区域国际投资的高质量快速发展。

第五节　国际援助政策协调

国际援助是当代国际经济关系的重要组成和国际经济合作的主要方式之一。国际援助政策作为各国政府开展国际援助的原则、规范和具体举措，构成财政政策国际协调的重要组成部分。在相互依存的现实世界里，国际援助政策协调不仅是推动区域经济社会发展实现国际经济合作的要求，而且也是对国际援助体系的发展和完善。

一、国际援助的含义及分类

国际援助作为一种国际关系现象由来已久。一般认为，现代大规模的国际援助活动起始于 1947 年《马歇尔计划》。伴随着国际经济合作

① 李冬青．中国—东盟自由贸易区投资制度安排模式探讨［J］．广西政法管理干部学院学报，2008（2）：117.

的不断深入和发展，国际援助日益形成制度化、经常性、大规模的国际体系，并与国际贸易和国际投资一起构成了国际经济关系的三大支柱。一般来说，国际援助可以分为官方发展援助（ODA）与非官方援助，其中，官方发展援助在国际援助中占有绝对优势，国际援助因此也主要是指官方发展援助①。本质上，国际援助是以主权民族国家为基本行为主体，在价值规律和市场体系以外的非经济性因素作用下，以国家的政策行为对国际关系进行调整的产物，是一种国与国之间具有战略意义的经济性、政策性的政府行为，是国际财政支出政策中具有再分配意义的转移支付性质的政策内容。现实中，国际援助主要表现为发达国家对发展中国家的资金援助和资源流动，它往往带有浓厚的政治、安全、外交、意识形态和价值观念等的色彩，但其对于援助国和受援国双方的经济发展都有积极意义，是一种具有互利和双赢效益的国家间经济合作方式和国际关系模式。

不同视角下的国际援助有着不同类别的划分。按援助方式，国际援助分为财政援助、技术援助、粮食援助等。财政援助是为了帮助受援国发展经济或缓解政府财政困难。技术援助主要是转让技术专利、培养技术人才、传授管理知识、提供咨询服务等。粮食援助，既包括直接提供粮食，也包括为发展粮食生产提供物资和资金。从性质上看，国际援助又可分为战略型援助、发展型援助和人道主义援助；而按照提供途径标准，国际援助包括双边援助和多边援助。

中国和东盟各国多属发展中国家，在国际援助体系里主要是受援国，但双方也在一定程度和范围内开展和实施了对外援助。

二、东盟国家的国际援助及政策

东盟国家是亚太地区接受国际援助最主要的地区，所接受的国际援

① 黄梅波，王璐，李菲瑜．当前国际援助体系的特点及发展趋势［J］．国际经济合作，2007（4）：45.

助占世界官方发展援助（ODA）的 8.5%。东盟十国中，除新加坡和文莱外，其余八个国家都是国际援助体系里的受援国。2012 年，国际社会对东盟国家的援助为 109.04 亿美元，其中，日本和澳大利亚是最主要的两大援助国，分别占总量的 35.3% 和 10.5%；多边援助占 28.7%。发达国家对东盟各国的援助，各有其援助重点，如澳大利亚和美国主要援助印度尼西亚，日本和韩国的主要援助对象是菲律宾和越南。由于经济发展水平等的不同，东盟八个受援国大致分为三类：2012 年，中高收入国家的马来西亚、泰国接受援助数量最少，分别是 0.9 亿美元与 3.5 亿美元；最不发达国家的缅甸、老挝、柬埔寨接受援助的数量居中，一般在 5 亿—8 亿美元；而中低收入国家的越南、菲律宾、印度尼西亚接受的援助最多，分别为 50.04 亿、19.32 亿和 14.04 亿美元，分别占国际社会对东盟国家援助总额的 45.89%、17.72% 和 12.88%。国际社会对东盟国家的援助，主要以项目援助的方式存在。2012 年，项目援助数额占到了东盟国家接受援助总量的 81.9%，远高于国际平均 67% 的水平。东盟国家接受的预算援助较少，2012 年仅占国际援助的 5.2%，只有越南和菲律宾获得超过 1 亿美元的预算支持；而用于支持非政府组织与市民社会的核心捐助与联合规划援助的资金占比为 6.2%；各国接受发达国家的专家援助和留学生奖学金援助费用共 7.1 亿美元。2012 年，东盟国家接受贷款援助的比重为 52.4%，超过了赠款援助，其中越南接受了 41 亿美元、菲律宾接受 12 亿美元、柬埔寨接受 3 亿美元的贷款。从援助领域来看，东盟接受援助的领域主要是社会基础设施和服务，约占总量的 34%；经济基础设施和服务援助居于第二位，约占 27%①。

总体来看，东盟各国特别是经济相对落后的国家都在积极争取国际社会的对外援助，同时也在适时调整其接受国际援助的政策，以期更好

① 王晨燕．东盟国家接受国际援助的情况及特点［EB/OL］．http：//yws.mofcom.gov.cn/article/u/201511/20151101156109.shtml.

地推动各国基础设施建设及经济社会的发展。在不同时期，由于各国对外经济政治关系的差异和面临的国内外经济政治社会问题的不同，各国接受国际援助的政策、数量及形式各不相同。近年来，美国、日本、韩国、澳大利亚等国家纷纷采取对外援助等手段不断加强与东盟关系。2009 年，日本提出“亚洲经济倍增倡议”，对以东盟为主的亚洲发展中国家打出包括官方发展援助、贷款保险、贸易融资担保、环保投资倡议等共约 700 亿美元援助计划。根据 OECD 统计，2015 年，菲律宾接受 OECD 国家及多边援助方的官方发展援助总额达 35.23 亿美元，最大来源国为日本（约占 38.5%），比 2012 年增加了 151%。老挝在 2006—2010 年获得的国际援助约 24.2 亿美元，年均 4.88 亿美元；在 2011—2013 年，老挝获得的国际援助只有 16 亿美元，仅完成其“七五规划”引援总任务的 35.4%；2014—2015 财年，老挝共获得官方发展援助 3 亿美元，主要援助国及组织有日本、瑞典、澳大利亚、法国、中国、美国、德国、挪威、泰国及亚洲开发银行、联合国开发计划署、国际货币基金组织、世界银行等，主要用于公路、桥梁、码头、水电站、通信、水利设施等基础建设项目。“印度尼西亚的外援主要由援助印度尼西亚协商集团（简称 CGI）、国际货币基金组织（IMF）、世界银行以及日本、美国等提供，突出地表现：一是东南亚金融危机后，IMF 牵头，世界银行、亚洲开发银行及日本、美国、中国等国承诺向印度尼西亚提供 400 亿美元贷款援助，2000 年 IMF 追加 50 亿美元一线贷款；2002—2004 年，CGI 共向印度尼西亚提供 99 亿美元的贷款援助。二是 2004 年年底海啸灾难发生后，CGI 承诺提供 28 亿美元贷款援助印度尼西亚灾后重建。2006 年 10 月，印度尼西亚政府提前偿还 IMF 所有债务；2007 年 1 月，CGI 宣布解散”[①]。1993 年国际社会恢复对越南的国际援助后，越南开始成为东盟国家中重要的援助对象之一。“2010—2015 年，越南

---

① 中华人民共和国外交部．印度尼西亚国家概况［EB/OL］．http：//www.fmprc.gov.cn/web/gjhdq_ 676201/gj_ 676203/yz_ 676205/1206_ 677244/1206x0_ 677246/.

获得的官方发展援助（ODA）和优惠贷款总额达到了306.16亿美元"[①]，平均每年超过了50亿美元。

三、中国的国际援助及政策

在全球国际援助体系中，中国既是国际援助的受援国，又对外提供国际援助。中国接受国际援助主要有两个不同的历史阶段：一是20世纪五六十年代，中国大规模地接受苏联援助；二是改革开放以来，从吸收国外资金、技术以及先进管理经验的角度，中国主要接受来自发达国家及国际组织的国际援助。目前，在中国的援助方主要有国际多边援助机构、经济合作与发展组织/发展援助委员会（OECD/DAC）成员和各种形式的基金会及非政府组织。综合来看，中国接受国际援助的主要特点是："（1）中国接受国际援助与中国对外政策的取向密切相关，流入中国的不仅仅有优惠资金，还有先进的技术、观念和方法；（2）国际援助在中国找到了最佳的试验场，但这个试验场不是由援助方左右的；（3）随着中国经济的发展和国力的增强，各类对华援助开始从对经济领域的援助转向对社会领域和政府政策及制度改革等的援助"[②]。2006年，为了更好地加强对我国接受外国政府和国际组织援助工作的管理，商务部重新修订了《关于外国政府和国际组织对华无偿援助项目管理办法》，这对规范我国接受国际援助的制度和政策安排，有效利用国际援助促进我国经济社会全面协调可持续发展具有重要的意义。

与此同时，自1950年以来，中国在"南南合作"等框架下已向亚洲、非洲、拉丁美洲等地区的120多个发展中国家提供了大量经济和技术援助。中国的对外援助，遵循相互尊重、平等相待、重信守诺、互利

---

① 中华人民共和国外交部．越南国家概况［EB/OL］．http：//www.fmprc.gov.cn/web/gjhdq_ 676201/gj_ 676203/yz_ 676205/1206_ 677292/1206x0_ 677294/.

② 周弘，张浚，张敏．外援与发展：以中国的受援经验为例［J］．欧洲研究，2007（2）：1－20.

共赢的基本原则，始终坚持不附带任何政治条件，不干涉内政，充分尊重受援国自主选择的权利，它们集中在工农业生产、基础设施和公共设施建设、文教卫生、民生服务等领域，援助方式主要包括成套项目建设、提供一般物资、技术合作、人力资源开发合作、援外医疗队、紧急人道主义援助、援外志愿者和债务减免等。“中国开展对外援助60多年来，共向166个国家和国际组织提供近4000亿元人民币援助，派遣60多万名援助人员，700多人为他国发展献出了宝贵生命。先后7次宣布无条件免除重债穷国和最不发达国家对华到期政府无息贷款债务”①。根据《中国的对外援助（2014）》白皮书，2010—2012年，“中国对外援助金额为893.4亿元人民币，有无偿援助、无息贷款和优惠贷款三种方式，其中，经济基础设施建设援助占44.8%，物资援助占15.0%，工业占3.6%，农业占2%”②。而在2014年经合组织发展援助委员会成员国的双边援助中，“社会和行政领域的发展援助占37.3%，基础设施和生产领域比重仅分别占19.3%和6.9%”③。

东盟国家中，早在20世纪五六十年代，中国就曾经先后向越南、柬埔寨和缅甸等国家提供了对外援助；20世纪70年代以来，中国的对外援助逐步延伸和覆盖了整个东南亚地区。进入21世纪，在“走出去”战略、中国与东盟战略伙伴关系以及“一带一路”倡议等新形势新背景下，东盟已成为中国对外援助的主要地区。中国积极在各领域开展对东盟国家的援助，援助的方式逐步从人道主义援助转向对东盟低收入国家提供经济技术援助，援助的重点包括基础设施建设、农业综合发展和能力建设，旨在支持东盟缩小内部发展差距，支持多层次区域合作

① 国务院新闻办公室．新时代的中国与世界［EB/OL］．2019－09－27，http：//www.gov.cn/zhengce/2019－09/27/content_5433889.htm.

② 国务院新闻办公室．《中国的对外援助（2014）》白皮书［EB/OL］．2014－07－10，http：//www.scio.gov.cn/zfbps/ndhf/2014/document/1375013/1375013.htm.

③ 罗建波．中国对外援助的九大特色［J］．国际援助，2016（4）：102－106.

和助推东盟经济发展①。其中，2004年印度尼西亚发生海啸后，中国政府先后提供了6.9亿元人民币的援助，并组织了国际救援队和医疗人员直接参与救援行动，成为中国近年来最大规模对外援助的典范。2006年11月14日，中国政府向菲律宾提供价值500万元人民币的台风救灾物资，12月5日又向菲律宾“榴莲”台风受灾区提供20万美元现汇援助。2008年5月缅甸强热带风暴发生后，中国政府随即向缅甸政府提供了50万美元现汇和50万美元紧急物资援助；后又再次向缅甸政府提供3000万元人民币的援助。除人道主义援助外，工程建设、科技、教育和体育支持和人才培训等也是中国对东盟国家援助的重要形式。如2004年，由中国提供4亿美元贷款援建的菲律宾北吕宋铁路一期首段工程开工。2005年2月14日，中国在东南亚承建的最大水电站——缅甸邦朗电站最后一台机组完成吊装。袁隆平的杂交水稻品种已在越南、印度尼西亚和菲律宾等国种植成功，成为中国对东盟国家最有影响力的技术支持项目。截至2009年11月，孔子学院落户泰国、菲律宾、新加坡和缅甸等7个国家②。2009年，在国际金融危机冲击下，中国提出设立“中国—东盟投资合作基金”（总规模100亿美元），投资于东盟地区的基础设施、能源和自然资源等领域。2013年10月21日，中国—东盟投资合作基金已向东盟国家的九大基础设施、能源和自然资源项目投资了7亿美元③。2014年12月20日，中国政府宣布向越南、柬埔寨、缅甸、泰国和老挝提供30亿美元的贷款与援助，以支持这些国家完善基础设施、提高生产和应对贫困④。

---

① 国务院新闻办公室.《中国的对外援助（2014）》白皮书［EB/OL］. 2014-07-10，http://www.scio.gov.cn/zfbps/ndhf/2014/document/1375013/1375013.htm.

② 吴杰伟. 中国对东盟国家的援助研究［J］. 东南亚研究，2010（1）：42-48.

③ 中国新闻网. 中国—东盟投资合作基金投资额已达7亿美元［EB/OL］. 2013年10月21日，http://news.sohu.com/20131021/n388612430.shtml.

④ 新浪财经. 中国明年将无偿援助东盟欠发达国家30亿元［EB/OL］. http://finance.sina.com.cn/world/20141220/191421126098.shtml.

四、中国与东盟国家国际援助政策协调

中国与东盟国家的国际援助，既存在着双方在争取国际社会援助方面的竞争与博弈，又存在着相互给予援助推进区域合作深入发展的需要。这种多层次多形式的国际援助格局，客观上提出了协调中国与东盟国家国际援助政策的必要性。同时，中国与东盟国家经贸往来的加强特别是区域经济合作的深入发展，又为双方国际援助政策的协调提供了可能。理论上，国际援助的协调性是保证国际援助效果的重要前提。而当代国际援助的效果并不理想，很大程度上也是由于参与国际援助的各国政府或国际组织在政策目标、政策手段以及作用机制等方面缺乏协调造成的。

加拿大国际发展署（CIDA）在其协调行动计划中指出，“国际援助协调包括捐助者协调和援助协调，前者指援助资金或项目捐助者之间的协调，涉及伙伴国政府的参与和利益的维护，以确保捐助者提供的援助努力是互补的，而不是重复的；后者指捐助者和伙伴国之间整合各方面援助的共同努力，包括在政策制定、政策措施、政策执行的进程和发展等方面一致乃至联合安排、共同决策和共享信息，使得不同渠道的国际援助得以协调”①。

从现实的角度来看，当前中国与东盟国家的国际援助及政策协调，尚处于起步阶段，主要表现在三个层次上：

第一，中国与东盟国家多属于国际援助体系中的受援国，基于各国有效获取国际援助的动机以及由此制定的争取国际援助的政策安排，客观上就可能存在一定的竞争和冲突。因此，积极防范各国在获取国际援助政策安排中可能存在的恶性竞争和政策本身的不完善，是中国与东盟

---

① 武晋，张丽霞．国际发展援助的协调：回顾与述评［J］．中国农业大学学报（社会科学版），2012（4）：102.

国家国际援助及政策协调首先需要解决的问题。

第二，中国与东盟国家间相互给予的各种形式的国际援助，在形式上主要表现为人道主义援助、官方发展援助和经济技术援助等，在不同的历史时期也有着不同的内容和特点，起到了增强各国互助互信、共同发展的作用，对中国与东盟国家国际援助政策协调的实现具有重要意义。但由于各国多属于发展中国家，其相互给予的国际援助相对有限，重视程度也不够，因而还谈不上在区域经济一体化组织和机制层次上的制度构建和政策协调。

第三，在东盟自由贸易区框架协议和中国—东盟自由贸易区《全面框架协议》中，都有给予东盟新成员较为宽松的条件和特殊照顾以及其他一些有关国际援助的内容和条款，这在一定意义上都可视为在区域经济组织层面的具有间接性质的国际援助及政策，并由此具备了多边国际援助政策协调的雏形。从国际援助及其政策发展的趋势特别是援助协调性的要求出发，中国与东盟国家既有的经济合作协定框架对区域层次上的多边国际援助及政策协调尚无明确的定位和清晰的制度安排，国际援助政策不明确、不协调的特征还十分突出。因此，进一步促进中国与东盟国家国际援助政策协调，提高区域国际援助协调性，依然是中国与东盟国家财政政策国际协调亟待解决的问题。

第三章

财政政策国际协调的实践与借鉴

现实中，财政政策国际协调表现为一个不断发展的过程，具有不同的特性和要求。从1994年墨西哥金融危机和1997年东南亚金融危机到2008年全球金融危机和2009年的希腊主权债务危机，各国政府和区域或国际经济组织间展开了丰富多彩形式多样的财政政策协调实践和探索，为中国与东盟国家财政政策协调提供了重要的经验和借鉴。

第一节 东盟及东南亚金融危机中的财政政策协调

东盟区域经济一体化的发展，其财政政策协调已在不同层面上得以展现。东南亚金融危机的爆发，客观上为东盟国家财政政策国际协调提供了重要的契机。东盟国家应对东南亚金融危机的财政政策协调，主要表现为以外部协调为主导，以不断推动东盟国家国内财政改革、防范和化解财政风险为手段，以促进东盟国家在经济结构和发展战略上的调整为目标。

一、东盟财政政策协调的进展

东盟区域经济一体化的发展，经历了从特惠贸易安排①到自由贸易区再到东盟共同体的发展历程。东盟40余年的风雨历程，其财政政策协调已在不同层次上得以展现，它们成为中国与东盟国家财政政策协调最为直接的基础和重要参照。

---

① 特惠贸易安排属于国际区域经济一体化中最初和松散的形式，它主要指在实行特惠贸易安排的成员国中通过协议或其他形式，对全部商品或部分商品规定特别的关税优惠。

1. 渐进的税收政策协调

东盟的税收协调，目前主要表现在关税协调的阶梯式渐进发展上。根据 1977 年签署的《东盟特惠贸易安排》，享受特惠贸易安排商品必须是东盟内产品，具体分为基本商品（主要是大米和石油）、东盟工业企业协作企业产品的特惠贸易安排和其他通过谈判列入特惠贸易安排的产品等。尽管《东盟特惠贸易安排》对东盟关税协调的贡献有限，但它却为东盟关税协调的推进奠定了早期基础。

1992 年东盟六国签署了《东盟自由贸易区共同有效优惠关税协定》，决定从 1993 年 1 月 1 日起的 15 年内建成东盟自由贸易区。“该协定确立了各成员国降低关税的商品范围和时间表，并规定了两种减税计划”①。这是东盟关税协调得以全面推进的直接表现和关键。但是，由于各成员国发展水平的不同和意见分歧等原因，加上在开始降税前有三年的缓冲期，因而这一协定提出的关税协调在初期进展并不顺利。

从 20 世纪 90 年代中期开始，东盟自由贸易区的发展进程不断加速，东盟关税协调也因此而全面深化。1994 年，东盟决定将原定 15 年实现自由贸易区的时间缩短至 10 年，为此重新制定了新的减税计划。1998 年，东盟决定将自由贸易区实现时间再提前至 2002 年，要求各国之间的降税进一步加速。1999 年 9 月，东盟确定自贸区零关税的最终目标，其中，6 个老成员国的最后期限是 2015 年，新成员国的最后期限是 2018 年。目前，东盟自由贸易区实际上已经建成。东盟原有 6 个老成员国超过 99% 的包括在 CEPT 减税清单中的产品关税已降至 0—5%；自 1993 年以来，6 个老成员国在 CEPT 减税清单中产品平均关税税率已从 12.76% 降至 1.51%。同时，东盟新成员国纳入 CEPT 降税清单的产品已超过 80%，且 CEPT 减税清单中已大约有 66% 的产品关税

① 赵仁平．中国—东盟自由贸易区财政制度协调研究［M］．北京：经济科学出版社，2010：188－189.

降至0—5%①。

除关税协调外，东盟的税收政策协调还表现在东盟各成员之间签署的双边税收协定所作出的制度安排上。实际上，在东盟成员国中，除柬埔寨、老挝等少数国家没有或很少签订对外双边税收协定外，其他成员国间基本上都有双边税收协定的签署。这成为东盟税收政策协调的重要内容和表现，只是这些双边税收协定本身还存在着许多空白和不完善的地方。

2. 投资协定与政策协调框架的构建

东盟在其建立的早期阶段，对成员国投资和投资政策协调的关注较少。1987年12月签署的《东盟促进和保护投资协定》，是东盟制定的第一个专门的投资协定，也是第一次明确制定关于投资的促进和保护条款，这是东盟投资政策协调框架构建的开端。但是，由于它仅赋予外国投资以最惠国待遇，而不是国民待遇，所以对外国投资的保护标准还比较低。

1998年10月，东盟各国正式签署了《东盟投资区框架协议》，旨在吸引区内外直接投资、消除区内投资限制，促进资本等生产要素的自由流动，建立一个更加自由、透明和具有竞争力的投资环境。这成为东盟投资政策协调框架的主要内容和具体表现。此后，东盟投资区建设进程不断加快。1999年到2000年年底，东盟对投资者采取减免公司所得税3年或30%的法人投资税等措施，以减轻东南亚金融危机的影响。2001年9月，东盟投资区委员会同意向非东盟成员国的投资者提早开放制造业、农业、林业、渔业及矿业，并签署了《加强东盟投资区框架协议的草案》，加速推进东盟投资区建设。2000年11月，东盟还签署了《电子东盟框架协议》，以促进与信息通信技术相关的产品、服务贸易和投资的自由化。这些都不同程度地构成东盟投资政策协调框架的组成部分。

---

① ASEAN Free Trade Area (AFTA Council), http://www.aseansec.org/19585.htm.

3. 缺失的国际债务和国际援助政策协调

受区域内经济发展水平差异的影响，东盟没有形成如欧盟那样的国际援助和国际债务政策协调准则和标准，而直接表现为在国际债务和国际援助政策协调的缺失。

由于东盟各国经济发展存在较大差异，东盟各成员国的外债规模和负担差异也很大。数据显示，在东盟十国中，既有无外债的新加坡、文莱等高收入国家，又有债务风险和负担较大的老挝、印度尼西亚、马来西亚等国。总体来看，东盟多数成员国的负债率都在警戒值范围之内，总体债务风险并不大，具有良好的实现区域债务政策协调的条件。遗憾的是，东盟对区内债务政策协调的关注是不够的，相互间缺乏必要的信息沟通和交流机制，更谈不上相应的制度安排和政策协调。

东盟成员国多是国际援助体系中的受援国，各国充分利用国际援助的政策安排，理应成为东盟国际援助政策协调的重要基础。但是，基于各国获取国际援助的激励，并没有在东盟范围内形成一个有机统一体，相互间还存在着政策不完善和各自为战甚至相互竞争的局面。同时，东盟各成员国也存在着相互给予的各种形式的国际援助，如自然灾害等人道主义援助、官方（无偿）发展援助和经济技术援助等，只是由于东盟各成员国多属于发展中国家，相互给予的各种援助十分有限，因此也不受重视，更谈不上区域国际援助政策的构建和协调。

二、东南亚金融危机的表现及影响

1. 危机的爆发与蔓延

1997 年 7 月 2 日，泰国中央银行宣布泰铢改行浮动汇率制，致使泰铢大幅贬值。据统计，“从 1997 年 2 月到 9 月，泰铢贬值 42%，股票市场市值下跌 48%，91 家财务证券公司中有 38 家被迫关闭，30% 上市公司面临摘牌危险，27% 房地产空置，银行呆账 400 亿美元，1997 年泰国经济增长率估计跌至 3%。到 1998 年元月上旬，泰铢贬值 54% 以上，跌至 54.5 铢/1 美元”①。泰国金融危机爆发后，从马来西亚到印度尼西亚，从缅甸到菲律宾，危机席卷了整个东南亚，并进而蔓延到东亚、欧洲、拉美等许多国家和地区，带来了世界各国和全球金融动荡。1997 年 7 月中旬之后，菲律宾、印度尼西亚、马来西亚等国货币相继放弃对美元的固定汇率，“到 8 月中下旬，印度尼西亚盾贬值 23%，菲律宾比索贬值 1%，马来西亚林吉特贬值 5%，新加坡元贬值 1.5%。至 1998 年元月上旬，印度尼西亚盾贬值近 70%，菲律宾比索、马来西亚林吉特贬值均在 40% 以上，汇率分别跌至 7800 盾/1 美元、478 比索/1 美元和 4.34 林吉特/1 美元”②。与此遥相呼应的是，希腊也忙于对付对其货币的投机，7 月 17 日宣布从国库中拿出 8 亿美元支持德拉克马的稳定；拉美的巴西和阿根廷也如同地震来临，两国股市普遍下跌。同样，东亚的韩国和日本在东南亚金融危机中也无一幸免。危机爆发后，韩国韩宝公司因欠债 400 亿美元宣布破产，随后韩国又有 7 家位于前 30 的大型集团公司宣告破产。在金融危机的影响下，韩国币值也大幅下跌。据报道，危机爆发前 1 美元约兑换 830 韩币，但到 1999 年年初，1 美元可兑换 1600 韩币。日本在这场金融危机的冲击下，日元遭受大幅贬值，北海道的拓殖银行、山一证券等相继宣布破产，其进出口贸易和对外投资等也遭受直接影响。1998 年 1 月，日本对亚洲地区的贸易首次出现 343 亿日元的贸易逆差；同时，由于东南亚国家在危机中提高利率，推迟大型项目建设，日本对外投资也深受影响。可以说，东南亚金融危机成为 1995 年墨西哥金融危机后的又一次世界性的金融动荡，其影响遍及全球。

2. 危机的影响

由泰国金融危机引发的整个东南亚地区的金融动荡，受到影响和冲击最大的首先是东南亚国家。东南亚金融危机的影响，除了直接的金融

---

① 凤翔．东南亚金融危机分析及启示［J］．江淮论坛，1998（2）：62－66.

② 同上。

动荡如货币贬值、股市重挫和投机猖獗等之外，最突出的表现就是经济衰退和实体经济遭受严重冲击。1990—1995 年，东盟国家 GDP 的增速平均为 7.3%。危机爆发后，整个东南亚地区的经济增速大幅度下滑。1996 年，东盟 GDP 的增速为 7.3%，1997 年迅速下降为 4.2%，1998 年为 -7.1%；其中，泰国、印度尼西亚、马来西亚、菲律宾、新加坡五国 GDP 增速由 1996 年的 7.2% 降到 1997 年的 3.8% 和 1998 年的 -8.9%，受到的影响最为明显（详见表 3-1）。以泰国为例，在金融危机爆发前的 20 多年中，泰国经济一直高速增长，“1971—1990 年的年均增长率达 7.9%，1991—1996 的年年均增长率为 8%，远远高于同期世界经济增长的平均速度”①。泰国金融危机开始后，泰铢大幅度贬值，金融企业大量倒闭，外资大量抽逃，外汇储备剧减，经济增长停滞，“泰国 GDP 增长率由 1996 年的 5.9% 降到 1997 年的 -1.4%，1998 年为 -10.5%；印度尼西亚 GDP 年增速由 1996 年的 7.8% 降到 1997 年的 4.7%，1998 年为 -13.1%”②。同时，东盟国家许多企业破产或开工不足，通货膨胀、贫困人口增加等，实体经济遭受沉重冲击。如“泰国的通货膨胀由 1997 年的 5.6% 上升至 1998 年的 8.1%”，政府财政拮据，居民财富大幅缩水，居民收入预期和消费信心几近崩溃；印度尼西亚大量企业破产，生产减少，“通货膨胀率由 1997 年 12 月的 3% 上涨至 1998 年 2 月的 13%，失业率不断攀升，人民生活恶化，贫困人口由危机前的 2200 万增加至 1998 年的 5000 万，贫困率由 1997 年的 11% 上升到 1998 年的 24%”，乃至引发社会动乱和政治危机；在菲律宾，私人企业投资大幅减少，债务负担不断加重，失业问题严重，人民生活水平下降，“45% 的人口重新回到贫困线之下”③。

东南亚金融危机的爆发，中国既是东南亚国家的近邻，又与东南亚

---

① 凤翔．东南亚金融危机分析及启示［J］．江淮论坛，1998（2）：62-66.

② The ASEAN Secretariat：ASEAN Statistical Yearbook 2005，https：//www.aseanstats.org/wp-content/uploads/2017/03/A.

③ 覃主元，等．战后东南亚经济史（1945—2005）［M］．北京：民族出版社，2007：176-290.

国家有着密切的经济关系，再加之与东南亚国家在对外贸易等很多领域具有的竞争性和相似性，也不可避免地在一定范围内受到冲击：如中国企业海外融资的成本和难度加大，对东南亚国家的出口减少，出口竞争加剧等①。1996 年，我国 GDP 增速为 9.9%，1997 年为 9.2%，1998 年为 7.8%。尤其是在对外经济关系方面，受东南亚金融危机的冲击和国内需求等因素的制约，我国对外贸易增速明显放慢甚至出现负增长：1996 年，我国进出口总额为 24133.80 亿元，1997 年增加到 26967.2 亿元，1998 年下降为 26849.70 亿元（其中，一般贸易出口下降 4.8%，对亚洲出口下降 9.9%）；1998 年，全年实际利用外资额为 589 亿美元，比 1997 年下降 7.9%②。

表 3-1　东盟国家 GDP 年增长速度情况（%）

年度	1996	1997	1998	1999	2000	1990—1995	1996—2000	2010—2016
东盟	7.3	4.2	-7.1	3.6	5.9	7.3	1.5	5.1
ASEAN5 *	7.2	3.8	-8.9	3.1	5.5	7.4	0.6	4.9
BCLMV **	7.8	7.2	5.2	6.7	8.4	0.8	1.7	6.2

资料来源：（1）The ASEAN Secretariat. ASEAN Statistical Yearbook 2005，https：//www.aseanstats.org/wp-content/uploads/2017/03/A；（2）The ASEAN Secretariat. ASEAN Statistical Yearbook 2016/2017，https：//www.aseanstats.org/wp-content/uploads/2018/01/ASYB_ 2017-rev.pdf。

*：ASEAN 5 包括：印度尼西亚、马来西亚、菲律宾、新加坡、泰国；**：BCLMV 包括文莱、柬埔寨、老挝、缅甸和越南。

三、东南亚金融危机爆发的国际财政因素

东南亚金融危机的形成，除了东南亚国家经济发展方式、产业结构、货币政策（包括汇率制度）、国际金融投机以及金融监管等方面存在突出的问题外，从财政特别是国际财政的角度来看，主要的因素有：

---

① 焦小平. 东南亚金融危机给我们的启示［J］. 财政研究，1999（1）26-30.

② 数据来源：国家统计局国家数据—年度数据，http：//data.stats.gov.cn/easyquery.htm？cn=C01。

1. 国际资本流入的“双刃剑”

进入20世纪90年代，国际金融一体化的发展为外资大开方便之门，东南亚国家由主要依靠内部积累转向过度依靠外资。东南亚日渐成为国际投资的热点地区，特别是在地区内货币对美元汇率较为稳定（与美元挂钩的固定汇率制是第二次世界大战后东南亚国家普遍采取的金融政策）的情况下，区内的高利率与区外利率形成相对较大的利差，吸引了大量的外资流入。毋庸置疑，外资的流入对支撑东南亚经济的长期快速增长有着十分重要的作用。但是，东南亚国家在利用外资中却存在着过度依赖外资的趋向，资本的投机性动机不断增强，国际资本流入的风险和矛盾不断累积并最终导致了危机的发生。比如，泰国经济的快速增长，就是建立在较高的资本积累与大规模的利用短期储蓄的基础上的。1980年以来，泰国的投资占GDP的比重一直在上升，1996年达到41%，泰国私人与政府的储蓄率大约只占国民生产总值的30%，投资与储蓄之间的差额主要来自国外的短期投资和外债。据统计，泰国约有半数的资本构成主要是欧美各种基金所持有的证券投资、金融大鳄以掠取股市高利为目的热钱、银行的短期贷款和外债，而且大量的外国资本也主要投入到房地产和证券市场①。相比之下，世界固定资本投资率在1990年以后稳定在25%左右，过度的投资营造了虚假的繁荣，股价与楼价齐飞，工资飞涨，泰国逐渐失去了发展中国家工资成本低廉的比较优势，经济隐忧不断累积。

2. 举债规模过大，债务结构不合理

东南亚国家在长期经济的快速增长中，政府支出特别是公共投资领域的大兴土木，使之出现公共工程项目过多过大，进而导致政府大量举债；同时，企业也依靠政府支持保护，恶性举债经营，各国外债余额占GDP的比重大多在50%以上。在东南亚各国，还有不少的政府大型公共工程如高速公路、铁路、港口、空港等建设项目都举借了巨额债务。

---

① 覃主元，等．战后东南亚经济史（1945—2005）[M]．北京：民族出版社，2007：179.

长期以来，举借外债是泰国经济保持连年增长的重要因素之一，也是泰国为弥补贸易赤字和经常项目逆差维持国际收支平衡的重要手段。为吸引国际资本流入，泰国采取了比发达国家多一倍甚至数倍的利率，从而实现国际资本的净流入。在泰国，甚至没有多少外债的概念，任何金融机构或企业，只要能从国外借入资金，资金就可以自由地流入。1993年，泰国实现资本项目自由化后，全国91家财务公司从国外大量举借民间债务，到1997年，仅全国最大的4家财务公司就借债17.1亿美元。泰国的外债总额，1987年只有203亿美元，1993年为526亿美元，1995到1997年间分别为831亿、908亿和930亿美元。在泰国的外债中，还存在着短期债务过多的问题。1997年，泰国930亿美元的外债总额中，短期债务为440亿美元，接近总额的50%①。1990年，印度尼西亚外债总额为455亿美元，1993年增加到850亿美元，相当于国民生产总值的66%。在危机爆发前的1997年3月，印度尼西亚外债累计达1087.53亿美元，其中私人外债达566.18亿美元。金融危机爆发后，印度尼西亚外债剧增。截至1998年9月30日，印度尼西亚外债增加至1419亿美元，其中公共部门外债为686亿美元，私人部门所欠外债为733亿美元。在危机爆发前，印度尼西亚外债占其国民生产总值的比重不到50%；到1998年2月底，其外债总额占到了国民生产总值的160%②。

总之，经济结构的不合理带来的投资规模过大、负债过高，是导致泡沫经济破灭最终引发东南亚金融危机和全球金融动荡的重要原因。

四、应对危机的财政政策及其协调

1. 国际援助及协调是解决危机的主要手段

争取国际货币基金组织的援助是泰国、印度尼西亚等应对这次金融

① 覃主元，等．战后东南亚经济史（1945—2005）［M］．北京：民族出版社，2007：182.

② 覃主元，等．战后东南亚经济史（1945—2005）［M］．北京：民族出版社，2007：244.

危机的重要方式。1997 年 7 月 28 日，泰国政府改变了 7 月初泰铢贬值时不谋求国际援助的做法，开始和国际货币基金组织谈判。国际货币基金组织提出了向泰国提供贷款的一系列条件，包括维持宏观经济增长、缩小国际收支逆差、抑制物价上涨、实现财政收支平衡以及金融改革等。1997 年 8 月 23 日，泰国得到了国际货币基金组织的第一笔 39 亿美元紧急贷款中的 16 亿美元①。同样，印度尼西亚政府在金融危机爆发后，因无力稳定币值和阻止大规模资金外流与外汇储备迅速减少的趋势，只好向国际社会求助。“印度尼西亚的外援主要由‘援助印尼协商集团’（简称 CGI）、国际货币基金组织、世界银行以及日本、美国等提供。东南亚金融危机后，IMF 牵头，世界银行、亚洲开发银行及日本、美国、中国等国承诺向印度尼西亚提供 400 亿美元贷款援助；2000 年 IMF 追加 50 亿美元一线贷款。2002—2004 年，CGI 共向印度尼西亚提供 99 亿美元的贷款援助”②。但前提是印度尼西亚接受健全金融体系、放宽国内经济管制、紧缩财政开支等一系列的要求。

泰国金融危机爆发后，区域各国纷纷伸出援手。日本先后向泰国提供了 170 亿美元信贷援助的承诺和约 9 亿美元的低息贷款。而且，与 IMF 的援助相比，日本提供的援助不附加任何要求改革的条件。危机中，中国不仅向泰国提供 10 亿美元的信贷援助（不含中国香港），还派出高级代表团访泰寻求投资合作。正当印度尼西亚就援助条件与国际货币基金组织艰难谈判时，新加坡于 1997 年 10 月底向印度尼西亚提供 100 亿美元的援助；同样遭受金融危机困扰的马来西亚也向印度尼西亚提供了 10 亿美元的援助。

2. 改革财政紧缩财政开支是应对危机的要求和方式

东盟各国为了应对金融危机，多采取了紧缩财政改革外债管理等方

① 覃主元，等．战后东南亚经济史（1945—2005）［M］．北京：民族出版社，2007：183 - 184.

② 中华人民共和国外交部．印度尼西亚国家概况［EB/OL］．http：//www. fmprc. gov. cn/web/gjhdq_ 676201/gj_ 676203/yz_ 676205/1206_ 677244/1206x0_ 677246/.

面的措施。这既是 IMF 援助东南亚国家的重要条件之一，也是政府应对危机的重要财政政策措施和方式。按照 IMF 的规定，泰国必须削减财政预算，努力实现财政收支平衡（1998 年 5 月修订后认为 1998 年度可持有相当于国内生产总值 -3% 以下的财政赤字额），提高增值税税率，提高电力、供水等公用事业收费标准等[①]。为配合 IMF 的援助方案，“印度尼西亚政府多次修改 1998/1999 年财政收支预算案，调整了经济增长率和通货膨胀率预测值，将财政赤字控制在国内生产总值的 81.5%，等等”[②]。同时，印度尼西亚大幅度削减石油补贴，提高对农业部门与地方公用事业部门的支出，实行紧缩财政，停建缓建一批大型项目，削减大型建设项目的支出。如印度尼西亚为紧缩开支计划冻结 81 个大型项目（总额达 165 亿美元），并对另外 75 个项目（约 205 亿美元）实行延期。1998 年 6—7 月，“马来西亚政府宣布了两项刺激经济一揽子计划，总额高达 120 亿林吉特，主要是资助农业、住房、教育、农村地区、卫生和基础设施工程建设”[③]。

为了应对危机，各国还对税收政策进行了相应的调整[④]。泰国政府提高汽油及部分奢侈品税收，以增加政府税收；调整进出口税收，降低企业生产成本，促进进出口和相关工业的发展；停止向海外上市公司征收 15% 的资本利得税，等等。印度尼西亚政府在 1998 年 4 月进行的全面经济改革中，暂时减免或降低了部分具有重要意义进出口产品的关税，并扩大享受优惠的品种范围，取消禁止棕榈油出口的禁令，改为征收 40% 的出口关税，还取消了对亏损严重企业的财政支持和税收优惠，等等。此外，马来西亚、菲律宾、越南等也纷纷调整其税收政策，以期

---

① 覃主元，等．战后东南亚经济史（1945—2005）［M］．北京：民族出版社，2007：184.

② 曹云华．前途光明道路曲折——写在东南亚金融危机一周年之际［J］．南亚研究，1998（5）4 -9.

③ 同上。

④ 童锦治，杨俊南，姚睿．东南亚金融危机中各国税收政策的调整及启示［J］．涉外税务，1999（2）：32 -34.

充分发挥税收的调控作用，有效应对金融危机的影响。

3. 加强国际协调合作，创新财政协调新机制

加强国际协调合作，建立财政金融融通与监督机制，也是东南亚国家应对危机的重要举措之一。危机爆发后，东盟国家通过加快推进东盟自贸区建设进程，强化内聚力抵御金融危机冲击。东盟还力主创立“亚洲外汇（货币）稳定基金”加强金融协调合作应对金融不稳定。此外，“在东亚各国与国际货币基金组织协调下，已先后筹措了千余亿美元资金”①，有效阻滞了泰国、印度尼西亚等国币值和股市的暴跌狂潮。

危机发生后，东盟国家多次召开财政部长会议，商讨危机解决方案和应对策略，并对各国应对危机提出了许多指导性建议和策略。如他们始终强调改进成员国国内政策及管理方式的重要性，坚持东盟地区对经济开放和金融自由化的承诺，在接受国际货币基金组织的援助同时强调受害国家的主导地位和保护穷人的重要性②。遗憾的是，东盟财政部长会议只是决议在东盟组织内建立地区监督机制，没有对危机中的援助政策和措施作出比较具体的安排，或许是源于自身能力的有限性，而决定主要依靠国际社会的援助。但是，他们却对东盟未来的组织原则和财政政策协调的推进产生了重要的贡献。

第二节 欧盟及希腊主权债务危机中的财政政策协调

伴随着欧盟经济政治一体化的进程，欧盟财政政策协调在内容上不断拓展，并形成了较为完善的组织和制度基础。由希腊主权债务危机引发的欧洲主权债务危机，既反映了欧盟财政政策协调本身存在的不足，

① 魏燕慎．东南亚金融危机的启示、影响与前瞻［J］．当代亚太，1998（1）：18－20.

② 哈迪·泽萨斯特罗．东南亚金融危机中的东盟［J］．南洋资料译丛，1999（2）：10－16.

又提出了进一步加强财政政策国际协调的必要性。希腊主权债务危机中的财政政策协调，主要以欧盟国家内部协调为主，重在财政政策自身的协调及财政政策与货币政策的配合协调。

一、欧盟财政政策协调的演化

欧盟漫长的经济一体化进程中，财政政策不仅逐步实现了较为全面、深入、系统的协调，而且开始走向同盟和一体化。在内容上，它们充分表现在税收协调的全面深化、国际投资政策协调的深入发展、多层次的国际援助政策协调和相对规范的国际债务政策协调框架等方面。

1. 税收政策协调的全面深化

欧盟税收政策协调，不仅源于税收政策的外部溢出效应给各国资源配置、收入分配及宏观经济稳定等可能造成的负面影响，还与欧盟特有的经济政治原因直接相关。同时，协调的过程也不是各国税制的简单趋同或统一。具体来看，欧盟税收协调的内容和步骤大致是：

首先，关税协调，消除成员国之间的关税壁垒。由关税同盟而实现关税协调，是欧盟税收政策协调的重要表现。“欧盟的关税协调，包括对内关税协调和对外关税协调两个方面”①。进入 21 世纪以来，欧盟整体关税水平进一步降低。欧盟关税实施约束税率，且税率 100% 受约束，欧盟对 WTO 成员和非成员提供最惠国税率或更优惠的税率。2006 年，欧盟简单平均关税总水平为 6.9%，2011 年为 6.4%（其中，农产品关税水平为 15.2%，非农产品关税水平为 4.1%）②。根据世贸组织等出版的 World Tariff Profiles 2017，2016 年欧盟简单平均的关税总水平为 5.2%，其中农业产品关税水平为 11.1%，非农产品关税水平为

---

① 赵仁平．中国—东盟自由贸易区财政制度协调研究［M］．北京：经济科学出版社，2010：156－157.

② 财政部关税司．欧盟关税概况［J］．预算管理与会计，2015（9）：49－51.

4.2%（2016年美国简单平均的关税总水平为3.5%，其中，农业产品为5.2%，非农产品为3.2%）①。总体上，欧盟关税水平属于较低水平，且有1/4以上的产品实行零税率。但是，欧盟税率分布不均衡和农产品关税水平依然较高的情况并存，税制复杂特别是在从价税之外大量实行从量税、选择税以及其他更复杂的形式，使得其水平不够透明和清晰。

其次，间接税协调的加快发展。欧盟间接税的税种主要有增值税和消费税。其中，“增值税还是许多欧盟成员国的重要税种和收入来源，是欧盟预算收入中的主要构成”。因此，欧盟间接税协调，主要就是增值税和消费税的协调。“欧盟增值税协调主要包括税制协调、税收原则协调和税率协调等不同的层次和内容”②。近年来，加强征管合作也成为欧盟增值税协调的重要组成。2003年，欧盟发布了“增值税战略优先权的回顾与更新”，再次将加强税收征管合作、共同打击税收欺诈等视作增值税协调的近期目标。特别是对于欧盟东扩后的新成员国来说，间接税协调首先就是要加强税收征管，引进和借鉴发达成员国先进的征管技术、稽查手段等。消费税是欧盟国家主要的财政收入来源之一。“2008—2012年期间，欧盟21国消费税收入占GDP的比重从3.4%上升到了3.7%”③。欧盟各成员国的消费税在课税范围和税率等方面有着很大差异，客观上成为阻碍成员国间商品自由流通的重要因素。20世纪90年代以来，欧盟就开始通过发布指令对欧盟范围内普遍征收的烟、酒和能源产品的消费税进行协调，具体内容包括，“一是特定产品种类适用的税率结构，包括规定产品、计征方式、免税范围、低税率适用范围等；二是协调每类产品的最低税率，各国可在最低税率的基础上确定

① WTO. World Tariff Profiles 2017，https://www.wto.org/english/res_e/publications_e/world_tariff_profiles17_e.htm.

② 成新轩．试析欧盟的间接税协调［J］．欧洲，2002（4）.

③ 韩霖，周咏雪．欧盟消费税制共性、特点及对中国的几点启示［J］．国际税收，2015（5）：12－17.

各自税率水平；三是关于消费品在各国间生产、储存、运输的一般规定，核心是确定课税消费品的最低税率水平"①。实践中，欧盟对于消费税征税环节的协调，大都后移至产品首次投入消费时课征，并对各类应税消费品的生产、运输、销售采取了许多特别税收监管制度。

最后，直接税协调的探索与推进。直接税是欧共体各国普遍征收的税种，但由于各国税制上的差异，税率高低不同，税基宽窄不一，以及各成员国之间的重复征税、税收竞争和逃避税收等，其日益成为各成员国之间生产要素自由流动的阻碍。欧盟直接税的协调，大致以 20 世纪 80 年代为界分为两个阶段——尝试探索阶段和较快发展阶段②。近年来，欧盟在有关促进成员国直接税协调的指令和建议如（COM〔2006〕823）中，再次强调了欧盟直接税协调的目的是要确保各成员国税制遵从欧盟法令及相互间的协调，具体而言就是要消除税收歧视和双重征税，防止未预期到的非税收和避税并降低因税制不统一带来的遵从成本。针对欧盟各成员国所得税制度的缺陷，"欧洲委员会提出统一合并公司税基（CCCTB），对跨国公司在欧盟成员国内的所得按照统一的合并税基征税，并于 2011 年 3 月 16 日正式提出了计算欧盟内公司税基的共同制度"③。虽然 CCCTB 依然面临着众多的困扰和争论，但毋庸置疑的是，CCCTB 是走向更加综合和更具效率的所得税协调必需的一步，也是欧盟公司所得税协调中的重要一步。

欧盟税收政策协调，反映了国际税收从竞争走向合作、从不协调到协调的一般趋势，反映了税收协调的基本内容、形式和过程，充满着重重矛盾和讨价还价，交织着如何在各成员国税收主权和欧盟税收协调权

① 韩霖，周咏雪．欧盟消费税制共性、特点及对中国的几点启示［J］．国际税收，2015（5）：12－17.

② 赵仁平．中国—东盟自由贸易区财政制度协调研究［M］．北京：经济科学出版社，2010：162－166.

③ 那力，叶莉娜．欧盟公司所得税协调进程中的重要一步：统一合并公司税基［J］．涉外税务，2012（7）：55－58.

力的统一协调，为区域经济一体化的税收协调积累了丰富的经验。

2. 国际投资政策协调的深入发展

在全球国际投资体系中，欧盟既是国际投资的重要目的地，又是对外投资的重要来源地。根据联合国贸易和发展会议 2017 年和 2018 年《世界投资报告》显示，2016 年和 2017 年，全球外国直接投资规模分别为 1.75 万亿美元和 1.43 万亿美元，其中，欧盟吸引的外国直接投资总额分别为 5240 亿美元和 3040 亿美元，分别占当年全球外国直接投资规模的 29.94% 和 21.26%；欧盟的对外直接投资（European MNEs）为 5150 亿美元和 4180 亿美元，分别占当年全球外国直接投资规模的 29.43% 和 29.23%。

欧盟国际投资政策协调，主要表现在两个方面：一是由欧盟区内健全、完善的投资协定达成的协调，二是欧盟与其他国家的投资协定构建的协调，它们集中和突出地反映在欧盟发展历程中签订的一系列条约和协定中①。特别是欧盟对区内投资协定作为欧盟建立和发展过程中的有机组成和重要内容，不仅从共同投资政策的高度构建和促进投资政策协调，还建立了专门的投资管理机构；更为重要的是，这种投资政策协调还具有促进落后地区开发和区内社会经济均衡发展的意义，体现和实践了国际投资政策协调在区域经济一体化中特有的功能和作用。而与区外的国际投资政策协调中，欧盟开始作为一个整体与区外协调，客观上也增强了欧盟在区外投资政策协调中的谈判能力和优势。

3. 多层次的国际援助政策协调

国际援助在欧盟财政政策体系中也具有重要的地位和影响。欧盟作为一个整体是目前世界上最大的对外援助方，欧盟（包括成员国层面和欧盟层面）对外援助和政府发展援助的总额占全球对外援助总量的一半以上。根据欧委会公布的数据，2016 年，欧盟及其成员国提供的

---

① 赵仁平．中国—东盟自由贸易区财政制度协调研究［M］．北京：经济科学出版社，2010：167 - 172.

官方发展援助达到了755亿欧元的历史最高水平，占欧盟国民总收入（GNI）的0.51%，比2015年增加11%①。欧盟的国际援助政策，主要包括欧盟作为一个整体的多边国际援助和欧盟各国对外双边国际援助的政策安排。现实中，欧盟国家（尤其是在东扩之前）都是国际援助体系里的重要援助国。因此，欧盟国际援助政策协调主要是在国际援助体系下的多边援助和双边援助及其政策的协调②。

总体来说，欧盟国际援助政策的协调，是欧盟各国对外双边援助政策的协调和欧盟多边援助政策的构建。欧盟多边国际援助的建立和发展，本质上依赖于各国在援助目的、手段和方式等内容上的协调。或者说，欧盟多边国际援助政策及组织机构的建立，在一定意义上就可以看作是欧盟各国双边国际援助政策协调的结果和表现，并由此增强了欧盟在国际援助体系中的地位和影响。

4. 相对规范的国际债务政策协调框架

欧盟各国多属于经济发达国家，他们在国际债务体系中多处于债权国的地位。因此，欧盟国际债务政策协调，主要表现在欧盟内外国际债务政策的协调和欧盟区域内国际债务政策协调框架的建立③。

欧盟国际债务政策的协调，构成欧盟财政预算政策有机组成部分和重要内容，因而其意义不仅局限于国际债务政策本身的协调，还着眼于欧盟财政政策的全面协调。欧盟国际债务政策约束标准和安排，形成了在一定法律约束和指导下成员国自主制定和实施财政政策的基本框架，它本身就是对欧盟各国协调的结果，对解决欧盟长期存在的财政赤字居高不下、实现物价稳定和增长经济具有重要的作用。

---

① 中华人民共和国驻欧盟使团经济商务参赞处．欧盟2016年官方发展援助达到历史高点[EB/OL]．2017-04-27，http：//eu.mofcom.gov.cn/article/jmxw/201704/20170402566029.shtml.

② 赵仁平．中国—东盟自由贸易区财政制度协调研究［M］．北京：经济科学出版社，2010：173-174.

③ 赵仁平．中国—东盟自由贸易区财政制度协调研究［M］．北京：经济科学出版社，2010：175-177.

总之，欧盟国际债务政策协调采取了设定标准并借助法律制度和相应组织机构保障的做法，这在一定程度上抑制了某一成员国因债务危机进而影响其他成员国经济增长和增加其他国家政府债务负担的风险。虽然这一做法在欧洲主权债务危机中遭受了沉重冲击和严峻考验，但它却实践并发展了欧盟财政安全和债务危机防范的机制，对欧盟财政政策国际协调和经济社会的健康发展具有重要意义。

5. 欧盟财政政策协调的成就与问题

欧盟的财政政策协调与欧洲经济一体化的进程相始终。在欧元启动前，欧盟财政政策协调的成就主要表现①：（1）税收制度和政策协调取得较为明显的成效。这包括在关税协调、增值税和消费税协调、所得税协调以及税收征管协调等领域取得的一系列成就。（2）以《马斯特里赫特条约》和《稳定与增长公约》的签署为基础，初步建立了财政政策协调的法律规范和制度框架，明确规定了财政政策协调的目标及程序。特别是《马斯特里赫特条约》规定了各国政府财政赤字率和债务负担率的共同约束标准。（3）确立了欧盟共同财政预算制度，其财政来源包括：欧盟“自有财源”（主要有对农产品的进口差价税和糖税，按共同关税税率征收的关税以及成员国上缴的不超过增值税税率 1 个百分点的增值税收入）；和按成员国 GDP 一定比例上缴的摊派。“1998 年，欧盟财政预算达到欧盟 GDP 的 1.23%，1999 年上升到欧盟 GDP 的 1.27%”②，主要用于欧盟地区政策和农业政策。

欧元区的启动，不仅对欧盟的财政政策协调提出了更高的要求，还使欧盟财政政策协调面临的问题和矛盾日益凸显：（1）欧盟尚缺乏一个高效的财政政策协调机制，这显然与欧元统一共同货币政策要求不相称。它至少应该包括三个层次的内容：一是欧盟财政政策与成员国财政

---

① 黄立新．欧元与欧盟的财政政策协调［J］．欧洲研究，2003（1）：25－33.

② 张彬，高峰．论欧元区建立后欧盟成员国间的财政协调［J］．经济评论，2000（5）：94－97.

政策之间的协调；二是成员国之间“贡献”与“收益”的财政利益协调和平衡；三是欧盟财政政策与货币政策等宏观经济政策间的协调。（2）税制和社会保障政策的不统一依然是阻碍欧盟一体化和财政政策协调的重要因素。（3）欧盟东扩带来的财政负担和政策差异加剧等问题，使财政政策协调变得更加困难。

二、希腊主权债务危机的表现及影响

2009 年 10 月 4 日，希腊突然宣布了前政府掩盖的财政赤字和债务真相，“2009 年，希腊政府财政赤字达 GDP 的 12.7%，公共债务占 GDP 的 113%”[①]。这远远超过了欧盟财政约束规定的上限——3% 和 60%。而按照欧盟统计局的数据，希腊财政赤字占 GDP 的比重更是高达 15.6%。在此背景下，惠誉国际、标准普尔和穆迪相继大幅调低了希腊的信用评级。随着 2010 年政府债务的集中到期，希腊债务危机持续发酵并最终全面爆发。希腊主权债务危机的演变，大致可分三个阶段[②]。

1. 希腊债务危机的爆发与升级

2009 年 12 月，希腊政府主权负债达到 3000 亿欧元。随后，希腊议会通过了危机预算法案，承诺 2010 年减少财政赤字 145 亿美元，并宣布不会退出欧元区或寻求 IMF 援助。随着国际评级机构再次下调希腊债务信用评级，希腊债务危机开始恶化，不得不向欧盟提出申请援助。直到 2010 年 5 月，欧元区国家最终同意向希腊分批提供 1000 亿欧元的救助。欧盟首脑会议和财政部长会议还通过了由“双边贷款、欧盟贷款和国际货币基金组织信贷额度”组成的 7500 亿欧元的援助基金方案，

---

① 郭娆锋．希腊债务危机的演变、原因及传导机制研究——兼论希腊退出欧元区的成本［J］．财政研究，2015（11）：104－105.

② 同上。

以帮助可能陷入债务危机的欧元区国家。然而，2010 年欧盟的援助方案并未解决希腊债务危机。“2011 年 10 月，希腊债务规模达到了 3500 亿欧元，占 GDP 的比重为 166%，债务违约风险激增”①。10 月 31 日，希腊宣布对欧盟救助计划进行公投，使得希腊债务危机再次升级。

2. 希腊债务危机的深化

2011 年 11 月 9 日，希腊总理帕潘德里欧宣布辞职，希腊政治陷入严重动荡之中。2012 年 2 月 21 日，欧元区财长会议通过了 1300 亿欧元的第二批一揽子援助计划。但是，欧盟的救助并没有让希腊政坛动乱平息。2012 年 5 月，在希腊议会选举中，各政党组建联合政府的谈判破裂，引发了市场对希腊的担忧，希腊退出欧元区的呼声再起。6 月，希腊再次举行议会选举，支持紧缩计划的新民主党获胜，但民众反对财政紧缩的情绪依旧高涨。在此背景下，希腊获准 IMF 同意减免部分债务，欧元集团和 IMF 也就新一轮援助计划达成共识。12 月 8 日，希腊宣布成功回购国债，减少了 200 亿欧元的债务。

3. 希腊债务危机的震荡

2013 年后，随着希腊紧缩与改革政策的实施，希腊财政状况有所好转。2013 年年初，希腊宣布 2012 年财政赤字占比 6.6%，收入超过支出。但是，希腊面临的困境是可能到来的通货紧缩，IMF 也承认低估了希腊债务危机的风险。2015 年 1 月希腊议会选举中，左翼联盟党获胜，主张结束紧缩措施、重新谈判救助协议，但新政府与债权人的谈判迟迟无法达成。2015 年 6 月 28 日，希腊决定把解决债务问题协议草案提交全民公决。6 月 29 日，标准普尔再次调低希腊主权信用评级调。6 月 30 日，希腊未能按时偿还 IMF 的贷款，成为 IMF 历史上第一个出现债务违约的发达经济体。由此，希腊债务危机再次陷入震荡之中。

---

① 郭娆锋．希腊债务危机的演变、原因及传导机制研究——兼论希腊退出欧元区的成本［J］．财政研究，2015（11）：104－105.

三、希腊主权债务危机爆发的原因

希腊主权债务危机的形成，与希腊经济基础和财政货币政策等直接相关，也与欧盟没有及时给予希腊全面的救援密切相连。希腊主权债务危机的爆发，原因主要是①：

1. 希腊财政状况长期欠佳

希腊主权债务危机的爆发，与希腊在欧元区中的特殊地位密切相关。在欧盟国家中，希腊属于经济基础相对薄弱的欠发达国家，财政实力没有达到加入欧元区赤字率和债务负担率的标准。但是，“希腊通过一系列复杂的金融产品创新、变相重组和隐瞒债务，于 2001 年成功加入欧元区。希腊在欧元区统一的低利率环境下，财政赤字扩张的冲动难以有效抑制；同时，希腊实行高福利政策，通过刺激消费来推动经济增长，最终导致其公共债务、财政赤字和失业率居高不下，经济泡沫化日益加剧”。

研究表明，希腊长期财政状况欠佳。1980—2009 年，希腊政府支出和经济增长主要依靠借新债还旧债来维持，政府长期处于负债投资状态，财政赤字和公共债务负担不断累积和增加，与欧盟 3% 和 60% 的共同约束标准相差较大。普遍认为，希腊之所以能顺利加入欧元区，是因为联手美国高盛银行而设计的“货币互换”交易，掩盖了希腊长期虚弱的财政状况。特别是加入欧元区后，希腊在欧盟相对较低的利率环境下渐渐放松了对财政风险的管控，导致财政赤字进一步扩大，财政风险日渐累积。“从加入欧元区的 2001 年到爆发危机的 2009 年，希腊年均债务赤字为 5%，而同期欧元区的债务赤字仅为 2%；希腊经常项目赤

---

① 郭娆锋. 希腊债务危机的演变、原因及传导机制研究——兼论希腊退出欧元区的成本［J］. 财政研究，2015（11）：105－107.

字为年均 9%，同期欧元区的数据仅为 1%”①。因此，希腊长期财政状况处于高危状态，成为引发主权债务危机的重要原因。

2. 国家信用评级被下调的推波助澜

据不完全统计，从 2009 年 12 月起，三大国际信用评级机构对希腊主权信用评级下调了近 20 次，希腊的国家信用直线跌入谷底。主权信用评级的降低，导致政府债券利率大幅上涨，融资成本不断增加，进而加剧主权债务危机的恶化。可以说，评级机构信用下调的推波助澜，是希腊主权债务危机不断升级和恶化的重要诱因。根据欧盟的“不救助条款”，评级在“A -”以下的国家不能将国债作为抵押向欧洲中央银行进行贷款。如果要想获得救援，希腊政府必须首先紧缩开支减少赤字和债务规模，这对于已陷入危机的希腊无异于雪上加霜，经济进一步紧缩和低迷的风险高悬头顶。而长期以来，希腊政府依赖发行大量政府债务来支撑其财政困境实现经济增长的做法，又使得希腊面临着必须立即解决短期流动性的问题。由此，短期财政困境与长期经济低迷的矛盾愈益加深。

3. 经济增长方式与结构问题并存

欧盟国家中，希腊的经济基础和发展水平相对落后（2016 年，希腊人均 GDP 约为 16000 欧元，还不及德国和法国人均 GDP 的一半）。希腊国民经济的支柱产业主要是海运业和旅游业，产业结构相对单一，农业相对发达，工业主要以食品加工和轻工业为主。在加入欧元区后，希腊经济一度获得较快发展。究其原因，“一是欧元区统一的低利率和宽松的货币政策，使希腊政府和社会的融资成本大大降低，直接刺激和推动了消费和房地产投资需求，带来了经济增长持续增长的良好局面；二是希腊得到了欧盟援助基金的大力支持，对希腊的经济建设及失业等问题的解决有着直接的帮助；三是经济的高速发展，促使希腊政府似乎更有信心实行较高的财政支出的政策，特别是效仿其他国家采取了高福

---

① 中国国际经济交流中心课题组．欧债危机评估及中国对策［M］．北京：社会科学文献出版社，2014：21 - 29.

利的政府支出政策”[①]。

但是，由于2008年全球金融危机的影响，希腊海运业和旅游业遭受重大冲击，国民经济出现了严重缩水，人均收入水平下降，经济增速回落并陷入低迷，直接导致政府财政收入大幅减少。而危机带来的需求减少和失业率的上升，又使希腊政府福利支出和补贴支出迅速增长。由此，希腊财政危机日渐加剧。

4. 欧元区危机防范和救援机制不协调

希腊主权债务危机的爆发，充分反映了欧元区宏观经济政策协调运行机制的缺陷，欧盟统一的货币政策与分散的财政政策不协调的问题全面暴露。首先，欧盟虽然制定了共同财政约束标准，但明显存在着对希腊财政状况缺乏有效的实时监管、相应的预警和应急处置机制不完善和缺乏对违约成员国有效的惩罚机制等问题，最终导致对希腊主权债务危机不断升级和蔓延。其次，危机爆发后，欧盟受既有规则的约束，不但没有及时给予希腊应有的救援，反而寄希望于长期财政状况欠佳的希腊通过紧缩支出和增发国债等方式自救，缺乏灵活的政策手段和协调机制。另外，根据《马斯特里赫特条约》规定的“禁止直接购买成员国政府债券”，使得欧洲央行只能从二级市场购买成员国债券，这也直接影响了欧洲央行对成员国救助的力度和绩效。最后，欧盟作为超国家性质的机构，在决策的制定和执行上存在严重的滞后性，政策协调效率不高。在危机爆发后，欧盟没能及时就援助在成员国间达成一致，延缓了债务危机处置的进程，导致希腊主权债务危机不断发酵蔓延。

四、欧盟应对希腊主权债务危机的财政政策

1. 应对希腊主权债务危机的财政政策表现

希腊主权债务危机的演化，进一步彰显了欧盟各国债务政策协调的

---

① 郭娆锋．希腊债务危机的演变、原因及传导机制研究——兼论希腊退出欧元区的成本［J］．财政研究，2015（11）：105－107.

困难和协调的必要性。事实上，早在希腊主权债务危机爆发前，冰岛和中东欧地区就已经有国家发生过债务危机，但在欧盟和国际货币基金组织的及时干预和援助下，这些国家的债务问题得到了较为有效的控制。2009 年年底以来，由希腊主权债务危机逐步蔓延而造成了欧洲主权债务危机，欧盟联合欧洲中央银行、IMF 对其前后共实施了三轮援助计划：（1）2010 年 5 月 2 日，向希腊提供 1100 亿欧元援助，目的是使希腊免于陷入债务违约风险之中；（2）2012 年 2 月 21 日，向希腊提供 1300 亿欧元的援助，核心目标是降低希腊债务并恢复该国竞争力；（3）2015年 7 月 13 日，向希腊提供 860 亿欧元的援助，以推进其国内经济与社会问题所必须进行的改革，包括促进财政的可持续发展、提振经济和提升竞争力以及实现政府公共管理的现代化等。

危机爆发之初，受制于欧盟既有规则和成员国间的分歧，欧盟并没有立即开展对希腊的救援。直到 2010 年 3 月，欧盟财长会议才就救援希腊提出意向，最终于 3 月 25 日达成向希腊政府提供救助的协议。该协议是欧元区启动后的第一个成员国救助计划，同时也是 IMF 参与欧元区救援事务的第一个方案。而随着希腊主权债务危机的蔓延，欧盟不得不采取更加激进的政策，联合欧洲央行和 IMF，于 5 月 10 日提出了一揽子欧盟稳定计划，对面临债务问题的希腊等欧盟成员国提供总规模达 7500 亿欧元的援助。由此，希腊主权债务危机中欧盟财政政策协调包括财政政策与货币政策协调的实践，不仅开启了欧盟财政政策协调的新篇章，还是欧盟财政政策与货币政策国际协调的重要里程碑。欧盟原有的制定趋同标准的简单协调也日益遭到理论和现实的质疑。一揽子欧盟稳定计划作为欧盟财政政策协调的成果，虽然是在欧盟原有财政约束标准未改变的条件下作出的，但也说明了要实现欧盟设定的公共债务指标，其财政政策协调的任务还很艰巨。因此，如何在一定法律约束和规则指导下进一步协调各国财政政策和灵活运用财政政策及货币政策有效防范和抵御各种危机的冲击，依然是欧盟财政政策国际协调中需要进一步探索的问题。

2. 进一步促进欧盟财政政策协调的思考

希腊主权债务危机的不断演化，充分暴露了欧元区财政及经济政策协调的重大缺陷。

（1）统筹财政政策协调的原则性与差异性。欧盟经济一体化进程中，初步形成了较为系统的财政政策协调原则、规范和框架，这是欧盟财政政策协调重要基础。但是，没有也不可能有一成不变的政策协调，财政政策协调必须同时考虑协调面临的经济基础和宏观形势的差异。在欧元区，成员国经济的趋同与差异并存，各国经济基础和发展水平各异。希腊主权债务危机的演化，是由希腊特殊的财政状况和经济形势及其不可持续的经济政策所引致的。因此，财政政策协调在坚持原则性指引和约束的基础上，不能不针对具体财政基础和宏观经济形势，采取差异性的协调策略。

（2）建立和完善更为具体、有效的财政政策协调机制。欧盟财政政策协调的规则和约束，让我们看到一个具有理想色彩的财政政策协调框架，但这个框架却缺乏具体而细致的政策措施和手段。要想真正地实现财政政策协调，不仅要有科学合理的目标，还要有切合实际的政策手段和工具，要有行之有效的监管体系，也就是说，必须建立和完善一个具体有效的政策协调机制和运行体系。如欧洲理事会提出，将“经济政策指导原则”——为成员国提供一般经济政策指导，或提出特殊政策建议，以及相应的运用程序等——视为经济政策协调的核心内容和实现统一经济政策战略的重要手段。为了提高政策的科学性，欧盟还加强了对欧元区政策运用的经济计量分析和实证研究，开展了对财政政策及货币政策组合效应的经常性评估，并给成员国发送相关政策组合评估报告，提出有关政策指导原则供各国选择。

（3）加强财政政策与货币政策间的协调和对话。一般认为，当前欧元区的经济治理和政策协调主要有三大支柱：欧洲中央银行负责单一货币政策；《稳定与增长公约》提供财政政策硬约束；里斯本战略提供以增长为导向的经济政策协调。长期以来，欧洲中央银行在制定正确的货币政策和发挥稳定作用等方面广泛受到赞誉。虽然《稳定与增长公约》和里斯本战略也带来了财政稳定和趋同的成就，但它们在促进经济增长和结构改革等领域却进展有限。《稳定与增长公约》仅将重点放在共同财政约束和财经纪律方面，没有考虑实现财政约束目标的经济条件及其制约因素，也没有建立对现实财政运行和财政风险的监测管理。更让人诟病的是，该公约的财政约束指标没有被严格地执行和监管，同时也缺乏应有的灵活性和应急处置机制。此外，“欧盟充分尊重成员国自主权和严格监管并存的经济治理结构往往导致现实中的尴尬，协调合作的双赢与脱离联盟、拒绝接受批评建议同时并存”①。

实际上，欧盟已经认识到，财政政策和货币政策由不同机构负责，政策功能各异，运行机制不同，最终政策目标也各有侧重。要想避免财政政策与货币政策的相互矛盾或冲突造成的外部负效应，就必须加强两大政策体系的协调。为此，欧盟已为财政政策与货币政策的协调建立了不同层次的联系和对话渠道。“如通过欧盟成员国和欧洲央行的非正式论坛，搭建了成员国财政当局和欧洲央行保持紧密联系的重要机制。又如，欧洲央行邀请欧盟委员会的委员参加它的管理理事会会议，也为欧盟财政部门提供了了解欧洲央行货币政策背景与意图的平台”②。

因此，应对希腊主权债务危机的挑战，进一步加强《稳定与增长公约》的约束功能和防范预警机制，不断扩展对成员国的财政监管和政策协调，创立和完善危机解决机制，是全面深化欧盟财政政策协调的关键。

第三节　北美自由贸易区及墨西哥金融危机中的财政政策协调

北美自由贸易区在其建立和发展的过程中，其财政政策协调有其特

① 沃纳·伊伯特．欧洲经济财政政策协调、“退出”战略及德国的作用［J］．欧洲研究，2010（4）：26－35.

② 黄立新．欧元与欧盟的财政政策协调［J］．欧洲研究，2003（1）：25－35.

殊性。1994年墨西哥金融危机的爆发，为北美自由贸易区财政政策协调的实践提供了重要契机。总体来看，墨西哥金融危机中的财政政策协调，主要是在美国主导下以国际援助推动国内财政经济改革的财政政策协调方式。

一、北美自由贸易区财政政策协调的演变

从美加自由贸易协定到北美自由贸易协定，北美自由贸易区不仅是当今规模巨大的自由贸易区①，还开创了由大国主导、发达国家和发展中国家组建自由贸易区的先例。北美自由贸易区虽然起步较晚，但发展却较为迅速，其财政政策协调具有自身的特殊性。

1. 有限的税收政策协调

北美自由贸易区的发展是在美国的主导下进行的，大体上可以分为美加自由贸易协定和北美自由贸易协定两个阶段；同时，由于美国、加拿大和墨西哥三国经济发展水平的差异而使税收政策协调的进程缓慢，目前仍主要限于关税协调。

北美自由贸易区的关税协调，主要表现在《美加自由贸易协定》和《北美自由贸易区协定》中对关税减让和协调的安排上②。总体来看，北美自由贸易区关税协调有力地促进了北美自由贸易区贸易和投资等的发展。协定生效以来，美国同加拿大、墨西哥的商品和服务贸易量增长迅速。“2011年，自由贸易区成员国三方商品贸易总量达到1万亿美元，美国、墨西哥之间的贸易占地区贸易增长的49%。2012年，加

---

① 2017年，北美自由贸易区三国GDP的总和达到了22.17万亿美元（美国为193862亿美元，加拿大为16403亿美元，墨西哥为11424亿美元），远超过欧盟17.11万亿美元的国内生产总值（根据中华人民共和国外交部网站 http://www.fmprc.gov.cn/web/gjhdq_ 676201/计算）。

② 赵仁平．中国—东盟自由贸易区财政制度协调研究［M］．北京：经济科学出版社，2010：178－179.

拿大和墨西哥是美国的第一和第二大出口市场，共占美国出口总额的32%；同年，加拿大和墨西哥是美国第二和第三位进口市场，共占美国进口总额的26%"①。墨西哥关税总水平由1993年的10%到1999年已降至2%，并且取消了进口许可证和其他非关税壁垒。

值得注意的是，2017年1月特朗普就任总统后，要求修订已施行24年的北美自贸协定条款，理由是现有协定损害了美国利益。在美方施压下，三方谈判于2017年8月正式启动。其间，特朗普政府从在美国增加就业和投资的角度还多次威胁要退出《北美自由贸易协定》。但是，由于三方在汽车产业等领域利益分歧明显，新一轮北美自由贸易协定谈判至今仍没有显现取得突破性进展的迹象。可见，北美自由贸易区受美国主导格局和机制的影响，区域经济政策协调的难度和协调必要性都在不断增强。

除关税协调外，《北美自由贸易协定》允许其成员国自由制定和实施本国的税收政策。在《北美自由贸易协定》达成的过程中，墨西哥与加拿大和美国先后达成了双边税收条约（分别于1992年1月和1994年1月生效）。这两个税收条约和美国与加拿大之间的税收条约成为北美自由贸易区双边税收政策协调的基本制度规范②。同时，适应自由贸易区发展和双边税收条约的要求，北美自由贸易区各成员国还对其税制构成与税收政策进行了相应的调整。近年来，特朗普政府的税收改革对北美自由贸易区乃至整个世界税收政策的冲击最大。2017年年底，美国总统特朗普签署了国会参众两院通过的《减税与就业法案》。这标志着号称"美国历史上减税力度最大的税改方案"落地实施（2018年1月1日起）。总体来看，特朗普税改主要是通过大幅降低公司所得税税率（最高边际税率从35%降至21%）来降低企业税负，通过降低个人

---

① 林欣．北美自由贸易区二十年发展的回顾与展望［J］．理论月刊，2015（9）：182－188.

② 赵仁平．中国—东盟自由贸易区财政制度协调研究［M］．北京：经济科学出版社，2010：181.

所得税税率（最高边际税率降低了2.6%为37%）和大幅度提高扣除额来降低个人和家庭税负，通过对跨国企业海外所得属地征收（股息红利所得免税）和境外利润汇回一次性低税政策（现金及现金等价物适用税率为15.5%，非现金资产适用税率为8%）来降低跨国企业税负，以及取消企业最低替代税制等措施来简并税制①。这直接带来了美国与加拿大、墨西哥税制间新的差异和冲突。加拿大联邦公司所得税基本税率为38%，与此前美国联邦公司所得税35%的最高边际税率相当，即便是适用28%的优惠税率也比特朗普税改后的税率要高；墨西哥公司所得基本税率为30%，比此前美国公司所得税税率低但却比特朗普税改后的单一公司所得税率高9个百分点。在个人所得税方面，加拿大最高边际税率为33%（仅就加拿大联邦个人所得税而言），墨西哥最高边际税率为35%，与当前美国37%的最高边际税率相差不大，但如果考虑到个人收入水平的差异，它们之间的实际差异要更大。从表现形式上看，特朗普税改带来了北美自由贸易区国家间税收政策之间差异的扩大，因而提出了进一步协调的必要性和要求。

除此之外，从2018年6月1日起，美国宣布对欧盟、加拿大和墨西哥的钢、铝产品分别征收25%和10%的关税。欧盟和加拿大已将美国钢、铝关税措施诉诸世贸组织并采取相应举措应对。墨西哥作为美国第三大贸易伙伴也随即表示反对，并于6月5日开始对美国进口猪肉加收20%关税。这是美国在关税政策领域最新发起的挑战，对北美自由贸易区关税政策乃至世界关税政策协调都可能会带来不可低估的影响。

2. 高度关注的国际投资政策协调

北美自由贸易区建立和发展过程中，高度关注其投资便利化和投资政策的协调，并直接而具体地反映在《美加自由贸易协定》和《北美

---

① 黄立新. 特朗普税改法案的总体评析［J］. 税务研究，2018（1）：18－24.

自由贸易协定》中①。《美加自由贸易协定》在第16章和第17章中，较为具体和全面地对两国间直接投资和金融领域投资的进一步自由化、国民待遇和透明进行了规范，构成两国投资政策国际协调的重要内容和表现。而《北美自由贸易协定》的第11章专门处理、协调投资规范，包括对投资者及投资待遇标准、外汇转移、征收及补偿、环境措施以及投资争端解决等投资领域政策的界定和协调，不仅重申了各成员国提供国民待遇和最惠国待遇，还坚持将国际上倍受争议的最低待遇标准加入其中，取消了外国投资“业绩标准”等歧视性规定，对外国投资开放大多数行业，等等。此外，北美自由贸易区的投资政策协调还包含与区外国家的投资政策协调。

在相关协定和措施的促进下，外国直接投资一直是美国、墨西哥、加拿大经济关系的重要组成部分。近年来，美国始终是墨西哥FDI的最大来源。虽然受国际金融危机等因素的影响，美国在墨西哥的FDI的投资增速有所放缓，但总量由1993年的152亿美元增加到2011年的914亿美元。墨西哥对美国的FDI，也从1993年的12亿美元增加到2011年的138亿美元。美国是加拿大最大的投资方，流入加拿大的FDI存量从1993年的699亿美元增加到2011年的3189亿美元。从1995年到2011年，美国流入加拿大的FDI流量显著增加为年平均139亿美元。美国流入加拿大的FDI占加拿大GDP的比重，由协定签署前的1%增加到19%。而美国也是加拿大最主要的投资目的地。在协定签署前的5年，加拿大流向美国的FDI年均为23亿美元，但1995—2011年，增加为年均97亿美元②。

总体来看，出于对国际投资政策协调的高度重视，北美自由贸易区

---

① 赵仁平．中国—东盟自由贸易区财政制度协调研究［M］．北京：经济科学出版社，2010：182－183.

② 林欣．北美自由贸易区二十年发展的回顾与展望［J］．理论月刊，2015（9）：182－188.

在投资自由化和便利化方面有着较为完善的制度安排和措施保障①，其对投资政策的规范和协调也较为全面深入，从而使北美自由贸易区成为以自由贸易区为主，兼具某些共同市场特征的区域经济一体化组织。

受区域组织形式和区域内经济发展水平差异的影响，北美自由贸易区没有形成如欧盟那样的国际援助政策协调和债务政策协调标准和规范。但是，北美自由贸易区却在现实中实践着国际援助和国际债务政策协调。其中，最为突出的表现就是 1994 年墨西哥金融危机及其治理。

二、墨西哥金融危机的表现及影响

1. 危机的表现

20 世纪 80 年代后半期，墨西哥推行了紧缩的财政货币政策、国有企业民营化、大力吸引外资及贸易自由化等一系列的经济改革。总体来看，这些改革措施对墨西哥的经济起到了积极的推动作用。墨西哥经济开始恢复增长，通货膨胀得到明显抑制，外资流入也持续增加。1994 年年初，墨西哥与美国、加拿大共同建立了北美自由贸易区，使其成为拉美经济发展的“新星”，国际货币基金组织也将之誉为“新自由经济的样板”。

墨西哥金融危机的直接导火索是比索贬值。从 1992 年 10 月 20 日起，墨西哥比索开始与美元挂钩，实行限额浮动汇率制（贬值不超过 0.0004 比索/日）。到 1994 年，由于限额浮动汇率制带来的比索高估，与此相应的是墨西哥长期存在的庞大的经常性贸易逆差，外汇储备不断减少，再加之资本外逃带来的外资流入的减少，导致比索与美元的汇价难以维持。“1994 年年初，墨西哥的外汇储备尚有 280 亿美元；1994 年

① 一定意义上，《北美自由贸易区协定》又是一个涵盖直接投资与金融投资的投资协定（卢进勇，余劲松，齐春生．国际投资条约与协定新论［M］．北京：人民出版社，2007：158）。

11月降至170亿美元”①。面对不断减少的外汇储备和日益高涨的促进经济增长与消费的资金需求，实行货币贬值就成为墨西哥政府迫不得已的唯一选择。而且墨西哥财政当局也认为，只要比索一贬值，就可以增加出口减少贸易逆差，资本外逃也会有所减缓或停止，外汇储备和国际收支窘困的局面就会改善。

1994年12月20日，墨西哥政府突然宣布，比索对美元汇率浮动范围将被扩大到15%，也就是实行比索贬值的政策。当时的财政部长表示，比索汇率浮动幅度的变动是为了使货币当局更加灵活地管理比索的币值，但始料未及的是，它却极大地改变了人们的预期。仅在短短的几天内，墨西哥外汇储备迅速减少，资本出逃进一步加剧。于是，墨西哥政府不得不允许比索自由浮动，比索进一步贬值，外资纷纷逃离，导致危机不断加剧。进入1995年，“墨西哥股市开始大跌，大批企业倒闭，失业率达到两位数，通货膨胀也高达50%以上”②，墨西哥经济因此受到重创，陷入异常艰难的困境，一场波及全球的金融危机终于成为现实。

2. 危机爆发的原因

墨西哥金融危机的爆发，一般认为是其迅速增长的外债和较为沉重的债务负担造成的，是墨西哥过度举债的结果和反映③。“1982年墨西哥外债总额是195亿美元，1988年年底达到1017亿美元，1994年更是达到1656亿美元，为1982年的8.5倍”④；“而截至1994年9月，墨西哥外债额占GDP的比重为47%，外债占出口的比重为239%”⑤。同时，

---

① 江时学．论1994年墨西哥金融危机［J］．世界历史，2002（6）：51.

② 张遂．简析墨西哥金融危机后经济恢复的政策目标［J］．生产力研究，1998（1）：98.

③ 麦金农指出，墨西哥比索问题所反映的不仅仅是墨西哥的过度举债问题，同时也反映了国际金融机构因长期过度放贷而无法承受的状况（参见［美］R·麦金农，宋协莉等译．墨西哥金融危机：是过度举债还是过度放贷［J］．经济社会体制比较，1995（3）：36页）。

④ 何盛明，刘尚希．墨西哥金融危机的教训与启示［J］．财贸经济，1995（5）：53.

⑤ 许建秋．墨西哥金融危机的教训和启示［J］．财政研究，1995（4）：56.

由于存在巨额的外贸逆差，墨西哥的外汇储备大幅减少。1994 年，墨西哥外汇储备与短期债务之比只有 20%，远远低于警戒线标准，偿债能力受到严重质疑，并由此引发外资大量抽逃，导致国际收支状况迅速恶化①。

外贸逆差过大是墨西哥政府采取货币贬值的重要诱因。1994 年 1 月，北美自由贸易区协定生效后，墨西哥国内市场加快开放，美国和加拿大商品快速流入。墨西哥出口增长速度远不及进口增长速度，外贸赤字不断累积。1991 年，墨西哥外贸赤字为 110 亿美元，1994 年迅速增加到 280 亿美元②。最初，墨西哥政府尚可以依靠外来资金流入改善其国际收支状况，但由于形势出现波动，外资减少并出现抽逃，政府只好动用外汇储备来堵塞窟窿。据统计，墨西哥外汇储备从 1993 年 12 月的 240 亿美元降到 1996 年 1 月的 55.6 亿美元③。外汇储备骤减，加之国际收支难以平衡，政府不得不企图以货币贬值来防止外汇流失和刺激出口，却引致了金融混乱。

此外，墨西哥货币贬值还与其财政刺激政策有关。为缓解 20 世纪 80 年代债务危机造成的经济衰退和尖锐的社会矛盾，墨西哥在 90 年代财政政策中大幅增加社会投资，放宽国内信贷控制，刺激私人消费。虽然政府部门的生产性投资受到财力限制增长有限，但墨西哥国内长期被抑制的消费在经济刚恢复之时就被不适当地刺激起来，导致储蓄和积累水平较低。墨西哥私人消费占 GDP 的比重，“很快从 1980 年的 65.1% 增加到 1993 年的 74.8%，而私人储蓄占 GDP 的比重却从 1988 年的 15% 下降到 1994 年的约 7.4%”④。国内资本积累的不足使得墨西哥经济对外来资金的依赖有增无减。而在墨西哥所引进的外资总量中，投机

---

① 江涌，樊启洲．墨西哥与泰国金融危机析同［J］．长江论坛，1998（1）：52.

② 杨斌．论墨西哥金融危机的原因影响及启示［J］．沈阳大学学报（哲学社会科学版），1996（4）：59.

③ 同上。

④ 同上。

债券、股票和货币交易的金融投资约占外资总量的一半，短期投资的风险激增，并最终在特定的条件下成为金融动荡的破坏性因素。

三、应对危机的财政政策及协调

在 1995 年开始的两年多时间里，墨西哥经济奇迹般地得到了恢复和发展：经济增长率快速提高，1997 年第三季度高达 8.1%，比 1996 年提高了 3 个百分点；通货膨胀率得到有效控制，1997 年继续下降至 15%以内（1996 年为 25%）；财政开支和国家债务大幅度下降，1997 年财政赤字不超过 GDP 的 1%，国家债务总额也降至占 GDP 的 17%左右（1995 年为 43.8%）；失业率迅速回落，1997 年降至 4%左右；国外直接投资呈上升之势，1997 年超过了 200 亿美元，在发展中国家中仅次于中国①，因而被国际舆论称为“神话”。

究其原因，除了墨西哥政府采取一系列行之有效的政策措施之外，还与当时以美国为首的国际援助分不开。北美自由贸易区的建立，是这一地区经济联系日益加强的结果，反过来又促进了美国、加拿大、墨西哥三国的经济合作。因此，墨西哥的稳定与否也就与美国、加拿大甚至整个世界的利益紧密相连。正是担心墨西哥金融危机和经济崩溃会影响美国，担心墨西哥金融危机波及拉美和国际金融经济秩序，美国和加拿大迅即作出反应：1995 年 1 月初，美国即宣布提供 400 亿美元的信用担保，但因国会的阻碍而没能得到执行，1 月底，克林顿政府遂采取行政手段，从外汇平准基金中拿出 200 亿美元援助墨西哥；加拿大也宣布将向墨西哥提供援助。同时，在美国的大力推动下，国际货币基金组织和国际清算银行向墨西哥提供将近 300 亿美元的援助；“其他国际商业银行提供了 30 亿美元，加拿大提供了 10 亿美元，拉美的巴西、阿根廷、

① 张遂：简析墨西哥金融危机后经济恢复的政策目标 [J]. 生产力研究，1998 (1)：98.

哥伦比亚、智利等也提供了共计 10 亿美元的援助”①。可以说，如果没有在自贸区协定框架内与北美国家的积极合作，没有区域内外的国际援助，墨西哥金融危机就不可能迅速得到控制和解决。

由墨西哥金融危机的爆发及其解决，我们可以清晰地看到国际债务和国际援助政策协调的现实意义。或者说，区域国际债务政策的协调，不仅是一国财政安全和风险防范的需要，而且是区域社会经济健康发展的需要；区域国际援助政策的协调，又为区域社会经济的发展和福利的增进提供了保障机制。

第四节　2008 年全球金融危机中的财政政策协调

由美国次贷危机引发的 2008 年全球金融危机，被看作是近年来持续时间长、影响范围广的严重的全球性金融风暴，并通过各种途径迅速向全球蔓延，导致各个国家不同程度地受到影响。危机爆发后，各国政府都先后出台了一系列应对金融危机的财政政策，并在世界范围内形成了以主要经济体（或大国）财政政策为导向，以各国独立实施财政政策但在财政政策工具和手段上趋同为特征的财政政策国际协调格局。

一、2008 年金融危机的表现及影响

1. 危机的爆发及其对世界的冲击

由美国次贷危机引发的 2008 年全球金融危机，被认为是近年来持续时间长、影响范围广的严重金融风暴。直观来看，这次金融危机源于

① 张新生，朱书林．墨西哥金融危机的背景、影响与教训［J］．现代国际关系，1995（3）：7.

美国次贷危机，众多涉及住房抵押贷款业务的金融机构陆续亏损倒闭，进而引发金融市场持续下滑。尤其是到 2008 年 9 月以后，以雷曼兄弟破产为标志，美国的银行业、保险业等均陷入前所未有的经营困境。严重的次贷危机以超乎人们想象的速度，通过各种途径迅速向全球蔓延，包括汇市、股市、信贷市场等在内的全球金融市场剧烈波动，生产、消费、就业和贸易等实体经济持续下行，各个国家和地区都不同程度地受到冲击和影响。

2008 年，在汇率市场上，美元兑欧元、日元和人民币都出现了较大波动。其中，4 月 22 日，1 美元兑 0.625 欧元，跌至 2008 年以来最低点，比 2007 年年底贬值 8.7%；此后维持升值，11 月下旬以来再度回软；至 12 月 30 日，比年初上涨 5%。2008 年，全球主要股市在波动中持续走低：从 9 月底和 10 月初开始暴跌之后，一直在谷底宽幅震荡，其中道琼斯、日经指数分别创下 2003 年以来的新低。与此相应，全球 GDP 增长、价格、就业和国际贸易下行，实体经济持续走向困顿。据统计，2008 年的第一、二季度，世界经济同比分别增长 4.4% 和 3.9%，但到第三季度，发达国家整体出现经济负增长，发展中国家的经济增速明显放慢，全球经济出现了明显衰退，各国就业形势不断恶化，全球贸易增长放缓。另据 OECD 统计，2008 年上半年，全球贸易量增速逐渐放慢，一季度增长 1%，二季度下降 0.2%①。

2. 危机对中国的冲击

2008 年金融危机也给中国带来了严重的外部冲击。尤其是自 2008 年第三季度开始，危机通过贸易、金融等途径，使中国在经济增长、产业发展、企业效益、外资引入等方面遭受了较大冲击。数据显示，自 2001 年中国加入 WTO 以后，经济增速连续 5 年超过 10%，但金融危机爆发后，中国经济增速回落（2008 年降到 9.7%），产品出口迅速下降。

---

① 世界经济统计报告课题组．金融危机导致经济衰退，共克时艰推动经济复苏——2008 年世界经济简要回顾及 2009 年初步展望［J］．中国统计，2009（2）：17 –20.

珠三角、长三角区域的中小企业普遍效益下滑，甚至很多企业被迫走向倒闭。对广东外贸企业的统计显示，2008 年前三个季度，仅深圳和东莞两市，关停和外迁的企业就分别达到 779 家和 627 家。全球金融危机爆发后，部分外资开始大规模撤离。2008 年第四季度，外商直接投资为 200 亿美元，而 2007 年同期数值为 350 亿美元，同比减少了 150 亿美元①。

二、2008 年金融危机爆发的原因

2008 年金融危机爆发后，许多学者从不同角度对危机爆发的原因进行了深入的剖析。总体来说，2008 年金融危机的形成，主要原因可以归结为：

1. 国际货币体系的缺陷及金融监管的滞后

金融危机的爆发，与货币体系与金融监管领域的问题有着直接的联系。众所周知，金融危机的基本表现和特征就是资产泡沫的破灭，而资产泡沫的产生往往根源于相对实体经济而言的流动性过剩。2008 年金融危机最直观、最直接的表现就是美国住房抵押贷款证券化表现出的金融创新工具在实践中的纰漏和不足，以及相关风险控制机制的滞后。毋庸置疑，过度的金融创新、不受控制的高杠杆等与 2008 年金融危机的爆发之间有着千丝万缕的密切关系，但更为重要的原因却是国际货币与金融体系的制度性缺陷，即根源于布雷顿森林体系崩溃后的流动性泛滥②。在世界经济正常运转的背景下，如果不断增加的流动性能够被实体经济吸收和消化，一般不会造成过多的金融泡沫引发金融危机。但是，当世界经济形势趋于恶化时，实体经济无法消化过剩的流动性就只

---

① 姜佳昕. 2008 年国际金融危机对中国的影响及其启示 [J]. 经济视野，2017 (24)：55.

② 华民，刘佳，吴华丽. 应对全球危机的正确之道：政府政策与市场力量的正确组合 [J]. 世界经济情况，2009 (3)：4 - 11.

能涌向虚拟经济和资本市场，进而导致金融杠杆和资产泡沫的持续扩大，并有可能最终引发金融危机。从表现上来看，2008 年金融危机的根源“在于美国仰仗美元在国际金融体系中独特地位而无节制地货币扩张，而美国房地产泡沫的破灭成了危机的直接导火索，长期流动性泛滥是其滋生的土壤，发育的条件是美国的金融创新和疏于监管”①。从危机爆发前的美国金融制度来看，“客观上也存在着金融创新过度、风险控制缺失、金融信息披露制度不完善、金融监管主体缺位等突出的问题”②，这也是 2008 年金融危机形成的重要条件。

2. 政府政策领域的失误

2008 年金融危机的爆发，还和美国政府错误的政策组合直接相关。虽然国际货币和金融体系存在缺陷，但如果政府能够对市场进行有效的监管，并对流动性和资产泡沫加以必要的控制，金融风险和危机在一定范围和程度上也是可以避免的。也就是说，“如果美国在泡沫形成的过程中，政府能够采取审慎的政策组合，那么仍然有可能将资产泡沫控制在相对安全的范围内；即便是泡沫捅破后，如果政府采取及时有效的救援政策，那么危机的影响范围就会非常有限，而不会在短期内蔓延至全球”③。因此，危机的爆发和蔓延，也是美国政府错误的政策组合触发的结果：（1）美联储的货币政策制造和捅破了泡沫。为了应对美国经济衰退，美联储率先打开了货币闸门，联邦基金利率开始从 2000 年 7 月的 6.85% 连续下降，一直降到 2003 年 6 月的 1% 历史低位水平。于是，低利率政策所形成的大量的货币供给不仅流入实体经济，还大量流入虚拟经济部门和房地产市场。同时，为了拉动消费，政府批准了鼓励

① 文兼武，佘芳东，等．世界经济统计报告 2008/2009 [M]．北京：中国统计出版社，2009：15-16.

② 吴勤学，王晓芳．2008 全球金融危机成因综述及简评 [J]．北京联合大学学报（人文社会科学版），2009（2）：80-84.

③ 华民，刘佳，吴华丽．应对全球危机的正确之道：政府政策与市场力量的正确组合 [J]．世界经济情况，2009（3）：4-11.

低收入家庭贷款买房的次级债的发行，从而推动和加速了房地产市场的膨胀和泡沫的形成。可以说，正是美联储货币政策与美国政府消费政策和产业政策等的联手推动，才加速了房地产和资本市场泡沫的不断累积和扩大。面对持续增长的金融杠杆和房地产泡沫，美联储在2004年6月开始采取紧缩性的货币政策，试图通过提高利率减少流动性来阻止房价的过快上涨和金融泡沫的破灭，在连续17次加息后，联邦基金利率又从1%上升到5.25%。但是，利率的过快上升和流动性的减少，大幅度地改变了人们对房价的预期，融资成本的迅速上升导致债务违约率不断增长，并最终引发了次贷危机①。（2）超前的过度消费政策和消费习惯催生了房地产泡沫。为推动经济增长，美国政府长期以来一直提倡居民借贷消费、提前消费。长期以来，美国经济也因此呈现低储蓄、高消费的特征，属于典型的消费经济。在低利率政策和次级债的推波助澜下，美国房地产持续升温，房价迅速攀升。"特别是低利率政策刺激了居民的过度消费欲望，导致储蓄下降和股市上涨，股市财富效应反过来再刺激消费，促使楼市上涨，持续走高的房价更刺激贷款公司的放贷欲望和各类投资者欲分享房产增值收益的冲动"②。以股价和房价相互推动的房地产和金融泡沫逐渐蔓延扩大，美国的经济增长借助这些虚拟的泡沫而得以实现。（3）新自由主义经济政策的恶果。实际上，这一时期美国的货币政策和消费政策，本质上都是20世纪80年代以来新自由主义经济政策的延续和发展。早在20世纪80年代，美国政府就开始推行减少政府对金融、劳动力等市场的干预，扩大消费、以高消费带动高增长的新自由主义经济政策。客观而言，新自由主义经济政策的实施在应对滞涨危机促进经济增长方面取得了显著的成效。但是，经过多年的发展，美国宏观经济形势发生了巨变，其中，许多金融证券机构大肆利

---

① 华民，刘佳，吴华丽．应对全球危机的正确之道：政府政策与市场力量的正确组合［J］．世界经济情况，2009（3）：4－11.

② 杜风华．应对金融危机的财政货币政策研究［J］．财政研究，2009（7）：23－26.

用宽松的环境在金融市场上过度投机，导致虚拟经济不断膨胀，金融杠杆和房地产泡沫不断扩大，金融资产泡沫和风险不断累积和扩大，最终引发波及全球的这场金融危机。此外，2008 金融危机的爆发，还被看作是生产相对过剩和有效需求不足的矛盾的根本体现①，是收入超分配的经济发展模式的缺陷导致的结果②，等等。

三、世界主要经济体应对危机的财政政策举措

2008 年金融领域的危机爆发，除了采取降低利率、向金融机构注资、寻求国际金融合作等货币政策领域的应对措施外，世界各国还在财政政策领域采取了一系列重要的举措应对金融风险。总体上，世界主要经济体在财政政策领域的应对措施主要有：

1. 美国政府的大规模救市与刺激计划

为了避免经济衰退和降低危机的冲击，身处危机风暴中心的美国率先采取了大规模的救市与刺激经济计划。美国国会先后通过了两个独立的方案，批准财政部动用高达 1.1 万亿美元的资金用于应对危机，包括由保尔森提出的 7000 亿美元的问题资产纾困计划和解决“两房”危机的 4000 亿美元救援计划③。具体来看，2008 年 10 月，美国财政部和美联储共同制定的 7000 亿美元的救助法案获得通过，第一阶段的核心是问题资产救助，以增强金融稳定性监管机构职能。到 2008 年 11 月 12 日，美国财长保尔森宣布救助法案实施转入以促进消费为主的第二阶段，其中，美国财政部的紧急注资计划包括：美国财政部向房利美和房地美提供高达 2000 亿美元的资金援助；美联储向美国国际集团（AIG）提供 850 亿美元紧急救助；财政部与 9 家主要银行签订陆续注资 1250

① 谢贵兰．2008 年国际金融危机产生的三大原因分析［J］．湖南社会科学，2010（5）：124－126.

② 杜风华．应对金融危机的财政货币政策研究［J］．财政研究，2009（7）：23－26.

③ 张明．美国的财政政策能够持续吗？［J］．国际经济评论，2009（4）：28－31.

亿美元的协议。同时，美国政府还出台了许多救助实体经济的措施。2008 年 12 月 19 日，美国政府表示将向美国汽车制造商提供 174 亿美元紧急贷款，通用汽车和克莱斯勒都获得了这项贷款（福特汽车表示不需要现金救急）。2009 年 2 月 18 日，奥巴马政府公布了一整套住房救援计划，以帮助陷入困境的约 700 万—900 万户美国家庭。到 2009 年 2 月 18 日，奥巴马正式签署了 7870 亿美元的经济刺激计划，而具体实施的刺激计划方案“包括 2820 亿美元的减税计划和 5070 亿美元的直接开支计划：前者包括对低收入以及中高收入群体的减税，对 2009 年的购车者减免购置税等；后者包括成立州稳定基金、基础设施投资、医疗体系改革、节能、改造学校及增加就业等措施”①。

2. 从各自为战到谋求协调的欧盟一揽子方案

与美国大张旗鼓的救市和刺激计划遥相呼应，欧盟的救市经历了从各自为战到谋求协调的过程。早在 2008 年 9 月底至 10 月上旬，爱尔兰担心本国银行崩溃影响其金融稳定和经济发展，率先决定援助其六大银行；英国宣布将布拉德福德—宾利银行收归国有；甚至还有不少成员国提出了第二轮担保承诺。为了谋求更好地应对危机，2008 年 10 月 7 日，欧盟 27 国财长会议决定在欧盟范围内协调成员国救市措施，这是成员国协调合作应对危机的开始。10 月 12 日，欧元区 15 国发表了应对金融危机的《欧洲协调行动计划声明》。11 月 26 日，欧盟委员会提出了应对实体经济危机的方案——《欧洲经济复苏计划》，重点内容包括两个方面：一是成员国展开对其刺激经济的财政扩张政策的协调。根据欧盟委员会建议，成员国共同实施“协调的财政刺激一揽子方案”，“在 2009 年预算框架内实行刺激性政策，扩张总额高达 1700 亿欧元（约占欧盟 GDP 的 1.2%）”；并提出坚持《稳定与增长公约》原则，辅之以“结构性改革”等举措；二是启动“里斯本战略”优先活动领域，通过

① 张伟，朴明根．当前金融危机下美国救市政策效果的经济学分析［J］．财经问题研究，2009（6）：57－61.

在各国推进“结构性改革”与“聪敏型投资”，将促进经济复苏与长远的经济结构调整和经济活力增强有机结合，以增强欧洲长远竞争力①。

3. 日本和中国应对危机的财政刺激方案

为应对国际金融危机对经济社会发展的不利影响，日本政府从2008年起曾多次出台经济刺激方案。其中，日本政府的最大的一揽子经济刺激方案突出地表现在其2009财年预算案中，具体又分为三个不同时段的三大对策——“由实现安心的紧急综合对策、生活对策、生活防卫紧急对策构成，目的是维护整个国民经济和社会生活的稳定运行，预算总额达88.5万亿日元；2009年4月，日本政府在此基础上又补充和推出新的应对策略，提出了明确的追加应对金融危机的必要经费和创造40万—50万个就业岗位的预算补充案，进一步加大刺激力度；到2009年11月末，为了应对日元升值和股市下滑等问题，日本政府再次提出了2.7万亿日元资金的紧急应对措施，并将之纳入2009年第二次补充预算案中”②。但是，就在日本政府采取大规模经济刺激和救助措施扩大支出的同时，当年度的税收收入却预计减少38万亿日元，所以政府不得不采取发行国债等方式去融资。

2008年下半年，受金融危机的影响，中国经济增长过快回落的风险逐步显现。到2008年第四季度，中国GDP增速迅速回落到只有6.8%，与前三个季度相比，分别降低了3.8%、3.5%和3.1%。当金融危机的影响在中国全面显现后，中国政府立即提出了明确的增加政府支出扩大内需的应对方案，并将宏观调控的基调调为全力保增长，财政政策从稳健的财政政策转向积极的财政政策，货币政策也与之相应调整为适度宽松，并采取多种手段扩大内需和调整经济结构。从财政政策的角度来看，主要途径是扩大政府投资：增加政府支出和实施结构性减

① 吴弦. 金融风暴与欧盟的应对行动协调——内在动因与主要举措述析［J］. 欧洲研究，2009（1）：24－40.

② 张磊. 国际金融危机对日本经济的影响及启示［J］. 日本研究，2010（1）：100－102.

税。其中，在增加支出上推出了为期两年的 4 万亿刺激经济计划，这一投资规模相当于 2007 年中国 GDP 的 16%，投资领域包括保障性安居工程、农村民生工程、铁路等基础设施、生态环保、科技创新、节能减排等重点建设和推动经济结构调整和增长方式转变的各个领域。同时，加快税费改革力度，实施结构性减税，包括实施增值税全面转型、出台一系列促进中小企业和房地产交易的税收优惠政策，取消和停征多项行政事业性收费。近年来，我国积极的财政政策又有了许多新的调整，实行了包括从试点到全面实行“营改增”、小微企业税收优惠以及促进技术创新、创业发展的一系列财税政策，减税降费的力度持续加大，以及以供给侧结构性改革引领积极的财政政策的实施和运作，等等。

四、应对危机的财政政策差异与协调

综合来看，世界各国面对金融危机的冲击，都先后采取了不同的财政政策以刺激和恢复经济，并以此为契机，在对内对外政策上实施一系列改革措施，以期更好地维护市场经济的运行和促进经济社会的发展。从应对危机的财政政策的角度来看，它们主要有如下特点：

1. 主要经济体的应对措施具有导向性

2008 年金融危机最先在美国全面爆发，美国政府率先作出反应，所以美国政府的救市政策和经济刺激计划不仅力度大，而且涉及的范围很广，这对其他国家和地区具有很强的参照意义。欧盟共同的一揽子方案和刺激经济的计划，其整体性也很强，不仅包括直接的救市措施，还包括一系列促进经济改革和就业的方案。同样的情况，也充分地表现在中国和日本的经济刺激计划中：中国立足于扩大内需的方案，不仅包括政府的大规模的投资计划，还包括政府减税降费措施的实施，日本在其一揽子刺激方案中，将所谓的安心的紧急综合对策、生活对策、生活防卫紧急对策与就业岗位的增加等融为一体。这些应对措施，针对性和综合性都比较强，对其他国家和地区应对危机具有导向或示范意义。

2. 政策手段和工具上的趋同

各国应对金融危机的手段和政策工具，从美国救市和刺激经济计划开始，在各国表现出大同小异的特征。各国在对金融、房地产和实体经济企业展开救助的同时，往往采取了增加政府投资、大规模减税和促进就业等方面的措施。比如，奥巴马政府2009年2月通过的规模为7870亿美元的新经济刺激方案中，提出了美国在政府办公设施以提高其节能水平、基础设施建设、学校医院设施及网络应用等领域扩大政府投资力度的规划。欧盟2008年11月推出的2000亿欧元经济刺激计划，指出了要在“人才培养、基础设施建设、科研创新和节能环保”等领域扩大公共投资。同样，中国实施的扩大内需的4万亿投资计划，也是通过扩大政府投资支出刺激经济调整经济结构和增长方式的典范。

减税也是支撑各国应对危机的重要财政政策手段。奥巴马政府的7870亿美元新经济刺激方案中，除了扩大投资支出促进就业增加需求外，用于实施减税的规模约有2860亿美元，甚至美国国会还研究对购房者提供税务抵免的计划。自2008年年底以来，德国决定将所得税和工资税削减180亿欧元，并将较低的所得税税率下调了1%；英国从2008年12月起暂时将商品服务增值税税率下调了2.5个百分点降至15%；中国在实施4万亿投资计划的同时，曾采取了增值税转型、“营改增”、对中小企业和房地产交易税收优惠、加大小微企业减税力度和取消部分行政事业性收费等一系列减税降费措施。

3. 从各自为战到走向协调合作

受经济发展水平和发展方式差异的制约，2008年金融危机对各国和地区的影响范围和程度也有所不同。因此，各国应对金融危机的财政政策，最初都主要表现为各自为战的特征，这在欧盟成员国中的表现最为突出。但是，随着危机的演化和各国应对危机的政策的完善，各国和地区间政策协调的特征愈益突出。其中，又有以欧盟为代表对成员国应对金融危机的财政政策进行主动协调和以各国自主采取与其他国家和地区相同或相近的政策措施被动协调两种类型。欧盟成员国的共同协商谋求共同协调的努力，是建立在欧盟这一区域经济政治组织的基础上的、多边性质又兼具共同财政政策特性的协调方式，其协调的程度和水平较高。而各国自主采取与其他国家和地区（特别是主要经济体）相同或相近的政策措施，是基于国际金融危机达成的一种临时默契，虽然在协调的程度和范围上不及前者，但却是现实中实现整体利益最大化的一种均衡状态。

第四章

中国与东盟国家财政政策协调的经济效应

中国与东盟国家财政政策协调的经济效应，是基于协调的成本与收益分析的结果。而财政政策协调是否有利于经济社会的发展和区域福利水平的提高，需要进行深入细致的研究和实证。

第一节　中国与东盟国家财政政策协调的成本

从制度经济学的角度来看，财政政策协调就是一种规范各种财政活动与实践的基本制度和制度安排。因此，中国与东盟国家财政政策协调的成本，本质上就是这种制度形成和运行过程中的交易成本。

一、制度和制度功能的内涵

在新制度经济学的体系里，制度是一个比较宽泛的概念，它涉及法律、政策、文化、产权保护、社会风俗等内容。诺斯认为，“制度是一种社会博弈规则，是人们所创造的用以限制人们相互交往的行为的框架”。他把制度这种博弈规则分为两大类：正式规则（宪法、产权制度和合同）和非正式规则（规范和习俗）①。而T·W. 舒尔茨把制度定义为“一种行为规则，这些规则涉及社会、政治及经济行为”②。在舒尔茨看来，制度是为经济提供服务的。在制度经济学分析框架中，制度有着丰富的内涵：（1）任何制度，都是人的利益及选择的结果，因此，制度与人的动机、行为有着内在的联系，它是理性地追求效用最大化的制约条件。（2）制度是一种无形的“公共品”，具有公共品的非排他性和非竞争性的特性。（3）“制度可以分为正式约束和非正式约束。前者是指人们有意识地创造的由各种政治经济规则、契约等组成的一系列政

---

① 卢现祥. 西方新制度经济学（修订版）[M]. 北京：中国发展出版社，2003：34.

② 卢现祥. 西方新制度经济学（修订版）[M]. 北京：中国发展出版社，2003：35.

策法规，从宪法到成文法到不成文法，再到具体的实施细则以及个别契约，它们共同约束着人们的行为；后者主要包括价值、伦理、道德、风俗习惯、意识形态等因素①。

制度涵盖的范围十分广泛，通常又可以分为经济制度、政治制度、社会制度、文化制度等不同类型，它们各自有其独特的价值和功能。就经济制度的功能而言，存在着不同层次上的界定和表达：（1）制度可以降低交易成本。科斯、威廉姆森以及诺斯等人不仅分析了交易成本的概念和内涵，还指出了合理的制度安排有助于降低市场经济中的不确定性，并在一定程度和规则上抑制人的机会主义趋向，从而具有降低交易成本的功能。（2）制度具有经济价值。舒尔茨认为，“制度的功能就是为经济提供服务，每一种制度都有其特定的功能和经济价值，这种制度的经济价值可以由制度的供求关系决定”②。（3）制度为实现合作创造条件。“制度是人们在社会分工与协作过程中经过多次博弈而达成的一系列契约的总和，为人们在广泛的社会分工中的合作提供了一般基本的框架，把阻碍合作得以进行的因素减少到最低程度，保证合作的顺利进行”③。（4）制度是一种持续的激励机制。诺斯等的研究指出，“人类社会直到现在还很难达到个人收益率等于社会收益率的状态，能促使个人不断努力、不断创新的制度就是最好的制度，因为它能提供一种持续的激励”。（5）制度创新还有助于外部效应内在化，实现社会成本与个人成本、社会收益与个人收益的统一④。

二、财政政策协调是财政活动与实践的重要制度规范和要求

作为国家财政和国际财政活动的指导思想、原则及具体措施的财政

① 卢现祥，西方新制度经济学（修订版）［M］．北京：中国发展出版社，2003：35－40.

② 卢现祥．西方新制度经济学（修订版）［M］．北京：中国发展出版社，2003：66.

③ 同上。

④ 卢现祥．西方新制度经济学（修订版）［M］．北京：中国发展出版社，2003：70.

政策，本质上属于制度的范畴。在内容上，中国与东盟国家财政政策协调具体表现为中国与东盟国家关于财政活动的法律法规、实施细则和区域合作中既已达成的条约、协议、备忘录等形成的全部财政政策框架和格局，具有正式规则和规范约束的特征。而从政策的制定和形成的过程来看，中国与东盟国家财政政策又反映了政策制定主体（各国政府及区域合作组织）的意识形态、伦理价值、道德观念、风俗习惯、文化历史等方面的内容，具有非正式约束和规则的特性。而且，随着中国与东盟国家经济社会政治形势的变迁，财政政策往往处于不断变化中，政策供给和需求的平衡只能在动态中实现。

在中国与东盟国家的财政政策体系中，不仅涉及不同的政策主体和政策目标，还涉及众多的政策手段和工具。不同的政策主体和政策类型，可供操作的政策工具和达成的政策目标各不相同；不同的政策手段和政策力度，对政策功能的实现价值也各有高下。因此，政策协调就成为财政政策这个制度体系运行必不可少的制度安排，是实现财政政策的经济制度功能不可或缺的重要环节。特别是在国际经济合作和一体化的背景下，各国财政政策的制度性差异和冲突愈发明显，仅有各国制定的财政政策这个制度而缺乏政策协调这个制度安排是不可能实现财政政策的制度功能的。也就是说，无论从国家财政活动的角度还是从国际财政实践的层次上看，中国与东盟国家财政政策及其协调都是必不可少的制度规范和运行准则。

三、交易成本是财政政策协调的核心成本

1. 不断拓展的交易成本

交易成本是主流经济学中被广泛使用的一个概念，是指发生交易所产生的费用，它分析的基本单位是交易。在制度经济学家们看来，经济活动和经济制度的本质是交易。交易的发生，自然要有交易的规则，也就存在着交易费用和成本。在康芒斯、科斯以及阿罗等人研究的基础

上，威廉姆森认为，“交易成本包括事前和事后交易成本，前者指草拟合同、就合同内容进行谈判以及确保合同得以履行所付出的成本；后者则指签订合同后为解决合同与客观环境的冲突，从改变合同条款到退出合同所花费的各项成本”①。在威廉姆森的基础上，马修斯（R. Matthews）指出，“交易成本包括事前发生的为达成一项合同而发生的成本，和事后发生的监督履行该项合同而发生的成本；它们区别于生产成本，即为执行合同本身而发生的成本”②。随着交易成本观点在主流经济学中的影响日益增长，其内涵得到进一步扩展。张五常认为，“交易成本是一切不直接发生在物质生产过程中的成本，包括信息成本、谈判成本、起草和履行合同的成本、界定和实施产权的成本、监督管理成本和改变制度安排的成本”③。在制度经济学和公共选择理论的框架中，交易成本概念和交易成本分析开始从经济领域进入政治过程，并成为政府政策研究中重要的成本概念。

2. 财政政策协调的交易成本

从制度形成和运行的角度，中国与东盟国家财政政策协调的交易成本包括：

（1）信息成本。信息是政策制定、执行和调整过程中必不可少的要素。财政政策协调的信息成本，就是指在制定、执行和调整财政政策协调的思路、框架和机制的过程中，各个利益主体收集整理、分析利用和传递各类信息的花费和支出。它表现和存在于财政政策协调机制运行过程的各个环节。为了保证政策的科学性、可行性和有效性，完备、准确的信息是其最重要的依据和先决条件。同时，获取信息必须依赖一定的经济资源和时间、技术手段。获取信息的过程，就是信息成本产生、形成的过程。从信息不对称和信息不完全的角度，信息是一种有价值的

---

① 奥利弗·E. 威廉姆森. 资本主义经济制度［M］. 段毅才，王伟，译. 北京：商务印书馆，2002：31.

② 黄新华. 政治过程、交易成本与治理机制——政策制定过程的交易成本分析理论［J］. 厦门大学学报：哲学社会科学版，2012（1）：17.

③ 张五常. 经济解释［M］. 北京：商务印书馆，2001：407.

稀缺的资源，而人们获取和接受信息的能力、技术手段和经济资源是有限的，有的信息特别是完全信息的成本是如此的高昂，以致使现实中的人们不得不放弃获取完全信息的努力。值得指出的是，国家或政府在信息收集、整理、加工、传递等方面比参与政策协调的微观主体更有比较优势，它们可以利用法律法规、行政手段和建立相关组织机构等极为丰富的手段和途径去降低信息成本。一定意义上，我们也可以把财政政策协调制度安排看作是降低信息成本的重要途径。

（2）谈判和决策成本。财政政策协调的实现，就是在政策制定、执行和调整过程中参与各方相互影响、不断讨价还价和进行利益博弈的过程。这个过程中，充斥着政策制定者与参与者以及它们之间不同的利益和冲突，需要通过谈判、协商或其他方式来就政策选择、执行和调整达成共识。这种讨价还价、利益调整、协调博弈过程中的交易成本，就是财政政策协调的谈判和决策成本。政策制定和运行中协调的过程，就是讨价还价的谈判和决策成本支付的过程。原则上，财政政策协调主体之间为了实现利益最大化而利用制度内和制度外的手段对政策及其协调进行讨价还价而带来的谈判和决策成本，有其必然性和合理的一面。但是，当参与主体更多地采取“搭便车”、拖延或者不作为等策略行为时，甚至采取寻租或其他非正常手段实现其目标时，谈判和决策成本的非生产性特征就充分地暴露了出来。由此造成的政策选择和执行偏差往往会带来社会福利的净损失。当然，为了更好地促进谈判的达成，有关各方在谈判中的信息沟通、谅解、承诺以及协调中的主动让步等，也可以看作是谈判和决策成本的有机组成部分。

（3）执行和监督成本。任何政策的执行和运行都要花费相应的运转成本，财政政策及其协调也概莫能外。财政政策协调是以各个国家和区域经济组织的财政政策原则、法律法规、协议、条约或细则等的调整和共识的达成为基础的，而这些政策的法律框架、管理组织、争端解决机制的建立特别是执行和监督所支付的费用，以及其他相关活动，如组织管理、信息技术投入、公共关系和监管规则的执行、协调绩效的评估等方面的费用，就是执行和监督成本。同时，由于机会主义的存在，财政政策协调的实现并不会自动执行，顺利实施不仅需要执行成本，而且需要监督成本。简言之，中国与东盟国家财政政策协调的执行和监督成本来源于两个方面：一是促进财政政策协调规则执行及效应发挥和日常组织管理所必需的花费和成本；二是监督和保障政策协调有效运行和动态评估调整及争端仲裁等所必需的投入。当然，我们也可以把在执行和监督财政政策及其协调过程中所需要的组织管理和社会政治经济制度条件等从执行和监督成本中独立出来单独考察，将之看作是建立有关组织管理机构和维护制度运行的交易成本。

（4）代理成本。在财政政策协调制定和运行的过程中，普遍存在着不同程度的委托代理问题。由于委托人和代理人具有不同的利益追求和目标函数表现，以及代理人与委托人之间不同的信息优势和偏好选择，客观上存在着代理人为谋取自身利益而行动的可能性。这种由财政政策协调的委托人和代理人目标和行为选择不一致形成的交易成本，构成为委托—代理关系中的重要成本——代理成本。另外，为了限制代理人的行为偏差，委托人可以通过支付或增加监督成本，或者与代理人达成某种合作安排，向代理人提供足够份额的经济剩余或租金，这又成为可能的代理成本的又一重要来源。因此，构建合理的激励约束机制，有效控制和降低代理成本，也是中国与东盟国家财政政策协调不得不面对的问题。

四、时间成本和机会成本是财政政策协调成本的重要表现

财政政策协调的成本，从政策演进的角度来看，表现为各国政府或国际组织、机构为制定财政政策和达成促进财政政策协调的有关准则、条约、协议等制度所花费的全部经济资源，它们突出地表现为时间成本和机会成本。

1. 时间成本

政策信息收集、政策制定和执行与监督的过程，表现为一个时间过程。一个完整的政策协调制定过程，一般都要经过界定问题、确立目标、设计方案、绩效评估和最终方案抉择等环节，而每个环节的高效完成都需要耗费必要的时间并对全部过程进行合理配置。一般而言，政策主体在这个过程中所花的时间越少，效率就越高，时间成本也就越低。具体而言，中国与东盟国家财政政策协调的时间成本，主要是指各国政府和区域经济组织这个政策协调主体在收集政策信息、制定政策、执行政策以及监督管理过程中由于必要和非必要时间耗费所引起的资源、信息闲置和价值损失。较高的时间成本意味着政策协调的低效率。一方面，财政政策协调是需要消耗大量时间的，多数财政问题往往是经济政治社会问题的综合反映，因此往往需要一个长期的认识、决策和执行及调整过程。现实中，如果各国或区域经济组织所面临的财政经济社会问题能被及时发现和准确认识，并有相应的机制提出切实可行的政策协调措施，在执行过程中有良好的运行体系和动态调整机制，则面临的问题就可能会迅速有效地得到解决，就可以最大限度地实现财政政策协调消除各种溢出效应。但是如果一个严重而亟待解决的财政经济社会问题，由于种种原因而导致政策协调的方案迟迟无法出台，在政策协调执行中存在故意拖延以获取个体利益最大化等策略行为，都会大大增加政策协调的时间成本，造成不同程度的不良影响甚至是无法挽回的损失。比如，在希腊主权债务危机刚开始的阶段，欧盟及其他成员国在政策及政策协调制定上表现得不作为和迟滞，对希腊主权债务危机的升级负有不可推卸的责任。

2. 机会成本

一般而言，“机会成本是某一种生产要素用于某种生产时，所放弃的用于其他生产活动所带来的最高收益”①。财政政策协调中的信息选

① 宋林霖，柳雪莲．我国公共政策制定的时间成本管理探析［J］．中国行政管理，2010（9）：47－50.

择、政策方案决策和政策执行与监督管理，本身也是一个机会成本决策的过程。中国与东盟国家经济社会发展水平和政治体制的多样性，以及政策目标和政策手段的多层次性，决定了财政政策协调需要解决的问题纷繁复杂，政策主体和政策协调内容可能同时面临多个问题和多种选择，此时就必须根据各国和区域经济社会发展所面临的形势不同或轻重缓急决定所解决问题的优先次序。由此，便产生了财政政策协调方案制定、执行以及调整等不同环节上的机会成本。可见，这种机会成本也可视为一种时间价值损失，它构成了财政政策协调成本的重要组成部分。

第二节　中国与东盟国家财政政策协调的收益

财政政策协调的提出，本质上是为了实现和提高财政政策效益这个核心目标的。因此，中国与东盟国家财政政策协调，不仅有其不同层次的成本，还表现为不同内容的收益。

一、区域贸易和投资的持续增长和资源配置效率的提高

现代市场经济中，市场在资源配置中起决定性作用，但这并不否定也不可能否定政府在市场经济中的重要地位和作用。事实上，政府虽然在资源配置中起辅助作用，但政府依然具有直接的资源配置职能，政府是矫正市场失灵提高资源配置效率的重要机制和路径。因此，中国与东盟国家的财政政策协调，最直接的收益就表现在对区域贸易和投资的推动以及资源配置效率的提高上。

1. 财政政策协调是消除生产要素自由流动障碍的重要途径

财政作为国家治理的基础和重要支柱，其对资源配置的影响范围、程度和方式充分体现在其政策体系中。无论是从国家财政还是从国际财

政的角度，财政政策都是影响商品、服务、资金、技术、人才等生产要素自由流动的重要制度因素，也是制约和影响市场资源配置效率的重要内生变量。因此，中国与东盟国家财政政策协调，目的就是要消除财政政策领域影响中国与东盟国家间各种生产要素自由流动的制度障碍，促进双方贸易（包括商品和服务）规模和结构水平的提高，促进投资便利化和投资收益的改善，更好地发挥市场机制在区域国际经济合作中的决定性作用，提高资源配置效率。

2. 财政政策协调是矫正市场失灵提高资源配置效率的重要方式

一方面，财政政策是直接影响市场资源配置效率的重要内生变量；另一方面，市场失灵（包括国内市场的失灵和国际市场的失灵）的存在，又为各国政府或区域政治经济组织运用财政政策手段矫正市场失灵提供了广阔的舞台和空间。客观上，由于中国与东盟国家财政政策的差异或冲突往往是阻碍各种生产要素自由流动造成市场失灵的重要原因，因此，财政政策协调也就成了矫正国内外市场失灵提高中国与东盟国家资源配置效率的重要方式。

二、区域收入分配格局的改善和经济社会公平的实现

中国与东盟国家财政政策协调，不仅会带来资源配置的优化和效率的提高，还会带来收入分配格局的改善，促进经济社会公平的实现。

1. 财政政策协调是财政利益和财政分配关系的调整

无论从一国经济社会发展还是从国际经济社会关系的角度，收入公平分配都是共同关注的焦点，也是财政政策必不可少的重要目标。财政政策作为政府经济活动范围和影响方式的直接反映，不仅体现政府参与社会资源配置影响资源配置效率的过程，还是政府调整社会收入分配格局实现收入公平分配的重要机制。因此，财政政策协调，本质上就是各经济主体财政利益和财政关系的调整，反映的是收入分配格局的改善和公平目标的实现。特别是在国际经济合作不断深化的背景下，财政政策

国际协调既是对各国政府或地区间财政利益和分配关系的调整，又是财政政策的收入分配职能超越国界促进国际经济社会公平的重要体现。

2. 财政政策协调有助于收入分配格局的改善和经济社会公平的实现

财政政策是关于财政利益和财政关系的制度规范和准则，这种财政利益和财政关系的本质就是收入分配格局和收入分配关系。因此，财政政策协调也可以说是收入分配格局的协调。财政政策协调所关注的焦点，自然也离不开经济社会公平的实现。中国与东盟国家财政政策的协调，一方面可以使各国政府更为有效地利用区域社会经济资源促进本国经济发展，最终实现国民收入分配状况的根本改善；另一方面，财政政策协调所赖以依存的各种政策工具和手段（如税收和转移支出等）又可以在一定程度上直接改善收入分配，促进经济社会公平目标的实现。实际上，我们也可以把财政政策协调本身看作是一个促进经济社会公平的状态和过程。

三、区域经济的稳定增长和福利水平的改善

1. 区域经济的稳定增长和福利水平提高是财政政策协调的本质要求

一般认为，现代财政的基本职能就是资源配置、收入分配和经济的稳定增长，前两者是微观职能，后者是宏观职能。财政政策是实现财政职能的政策。因此，促进区域经济的稳定增长和福利水平的提高，既是同为发展中国家的中国和东盟各国共同的追求，又是各国政府参与国际经济合作、推进财政政策协调最重要和最具战略性的目标和要求。理论上，财政政策与经济增长的关系一直是财政政策研究的核心。现实中，各国政府或区域经济组织推进财政政策协调的最终目的也是分享区域经济一体化带来的整体效应，促进经济的稳定增长和福利水平的提高。

2. 区域经济差异的缩小和均衡发展是财政政策协调的现实需要

中国与东盟国家财政政策协调，除了从整体上获取区域经济的稳定增长和福利水平的提高外，还将直接有助于推动区域经济差异的缩小和均衡发展。一方面，财政政策协调要求尽可能缩小各国经济发展水平的差距，为财政政策协调的实现创造赖以存在的经济基础和实施条件。另一方面，财政政策协调也需要特别关注相对落后国家和地区的经济发展，并借助财政政策手段和工具如关税协调的特殊安排和国际援助等，从而实现缩小区域经济差距和促进均衡发展的收益。

四、区域财政金融风险的防范和财政安全的实现

1. 财政风险防范和财政安全是财政政策协调最为直接的收益

任何经济政策都存在着一定的政策风险，财政政策也存在着引发财政风险的可能性。通常认为，“财政风险就是各国政府在国家财政活动和国际财政实践中，由于财政政策手段和工具本身的缺陷以及面临的宏微观经济形势的复杂多变，造成财政损失、困难以及财政政策目标难以实现，进而带来经济波动乃至政治社会的不稳定”①。财政风险往往具有综合性（综合反映各种政治、经济、社会矛盾）、整体性（不同层次、环节上的财政风险累积都可能会影响和波及整个财政体系）、隐蔽性（国家可以用各种隐蔽的方式把风险强制地转嫁给整个社会和国民经济承担）以及渐进性（财政风险往往是一个不断累积的渐进的过程，一旦超过社会经济承受能力，就会引发财政危机）②。

具体来看，财政赤字是当今世界的普遍现象，财政困难在中国和东盟国家不同程度地存在着，现实的和潜在的财政风险不仅直接影响到政府经济的可持续性，还关系到各国及区域政治的稳定和社会经济的发

---

① 杜威，姚践．浅谈财政风险防范［J］．地方财政研究，2006（2）：31－33.

② 同上。

展。特别是在开放经济的条件下，传统经济社会发展中存在的引发财政困难和财政风险的因素没有消除，而生产要素的国际流动又带来了许多新的引发财政风险的因素和可能性，财政风险甚至会成为引发金融风险造成区域或国际经济社会动荡的重要诱因。因此，中国与东盟国家财政政策协调，其最为直接的收益就是形成防范和抵御财政风险的机制和制度安排，有效防范和化解财政风险，维护各国和区域财政安全。

2. 财政政策协调在金融财政风险防范中具有不可替代的作用

财政是公共风险管理的重要参与者之一，也是系统性金融风险损失的主要承担者①。实施宏观经济管理、防范系统性金融财政风险是世界各国财政政策的基本职责和功能，财政政策协调在金融财政风险防范与救助中有着不可替代的作用。纵观 20 世纪以来的全球金融危机，多发端或形成于金融或财政系统内部，并演化为实体经济危机。而危机的解决，往往和政府财政政策的运用如直接依赖政府支出、税收和公债政策的调整，或者通过财政担保、购买金融机构不良资产、政府股权注资等直接相关。现实经济中，财政政策与货币政策在宏观与微观经济的各个领域相互交叉、相互制约又相互融合，金融风险与财政风险往往具有相互转化的联动性。通常来说，金融风险往往是引发和促使财政风险转化为现实的重要因素，防范财政风险需要有效监控金融风险，金融风险的解决也往往需要借助于财政政策手段来达成。因此，中国与东盟国家财政政策协调，不仅是调整各国财政利益和财政关系、防范财政风险的直接需要，还是有效防范和应对金融风险的重要制度安排和机制。

3. 财政政策协调是构建区域性财政应急反应机制的基础

财政金融等社会公共风险是对经济社会公共安全的严重威胁和考验。“为了确保经济的稳定运行和正常的社会生活秩序，政府应切实承

---

① 中国财政科学研究院课题组．财政：积极防御风险［J］．新理财：政府理财，2017（6）：62－64.

担起控制、防范公共风险的责任"①。从确保区域经济社会稳定安全的角度来看，财政风险和金融风险的应急反应机制是一种典型的区域性国际公共产品，各国政府或区域经济组织是这项公共产品的提供者和投入主体，属于公共支出的范围。随着国际经济的市场化和全球化带来的市场失灵和外部效应的存在，国际财政活动和实践中的不确定性大大增加，突发事件的频率和影响范围也在扩大。因此，构建区域性财政应急反应机制，降低共同防御公共风险的成本，维护区域财政和经济社会安全，是中国与东盟国家财政政策协调应有的题中之意。

五、区域国际政治经济关系的和谐与发展

1. 区域国际政治经济关系和谐是财政政策协调最显著的政治收益

在相互依存的现实世界里，经济的政治化和政治的经济化相伴而生又相互影响。中国与东盟国家的财政政策协调，是各国政府谋求区域经济合作的突出表现，虽然这种在经济政策领域合作的首要目的是谋求区域经济和财政的协调与发展，但财政政策协调本身所依赖的国际政治性以及由此可能带来的在政治上的不断开放与合作，将直接有助于区域国际政治经济关系的和谐与发展。也就是说，财政政策协调不仅是区域政治经济关系的和谐与发展的重要内容和表现，还是推动和增强各国在政治领域的互信与合作的重要机制和力量。

2. 优化经济环境提高区域竞争力是财政政策协调的重要着力点

在全球化和一体化发展的历史浪潮中，经济环境优化和国际竞争力提升是各国参与国际经济合作的核心内容。中国与东盟国家同属发展中国家，在参与经济全球化、优化经济环境、提升国际竞争力过程中面临

---

① 蒙丽珍．中国—东盟自由贸易区框架下的财政政策协调［J］．财政研究，2007（9）：37－39.

着相同的机遇和挑战①。国际经济环境和竞争力的构成，除了自然资源禀赋、基础设施、产业结构、政府管理、科技教育等经济、管理、历史文化的要素外，还包括政治体制、政治局势、政府政策、社会价值观等政治、制度要素。无论从政府管理的角度还是从政府政策和制度要素的角度，财政政策是否协调都是衡量区域经济环境和国际竞争力的重要内容和表现。因此，促进中国与东盟国家财政政策协调，减少区域财政政策之间的冲突和摩擦，将有助于优化区域经济环境，提升各国和整体国际竞争力。

第三节　中国与东盟国家财政政策协调效应的实证

财政政策协调的本质，是为了更好地促进中国与东盟国家经济社会的发展和区域福利水平的提高，但财政政策协调是否能够对经济发展起到推动作用，值得我们深入研究和验证。

一、基本思路

立足于国际财政实践的基本框架，基于中国与东盟国家在国际贸易、国际债务、国际投资和国际援助这四方面的统计数据，可以通过构建计量模型来对财政政策协调的有效性进行实证。

由于单独的截面数据或者时间序列数据只反映同一时期或同一个体的单一维度，因此，为了更好地描述中国与东盟国家多个主体不同时期财政政策协调的经济效应，本书选取了广泛应用于金融、税收、财政支出、消费需求等领域的面板数据模型。比较而言，面板数据模型将时间

① 王勤．东盟国际竞争力研究［M］．北京：中国经济出版社，2007：3.

数据和截面数据相结合，反映不同时期不同个体的一个或多个指标组成的数据集，能从时间与个体两个维度描述变量的时空特性。它能够改善多重共线性等问题，为研究者提供更多数据点，提高计量经济估计的有效性。本书的实证以中国和东盟国家①为研究对象，从财政政策国际协调框架的四个组成部分——国际税收政策、国际债务政策、国际投资政策和国际援助政策协调——选取直接影响或反映财政政策国际协调实践的国际贸易额、国际债务规模、国际投资额和国际援助规模以及反映经济发展水平与效应的国内生产总值（GDP）这五类指标，利用 EVIEWS 7.2 软件建立面板数据模型，探究构成财政政策国际协调实践框架的四个组成部分对区域经济发展的贡献度和经济效率差异问题。

二、模型构建

样本时间为 2000—2016 年，反映中国与东盟国家国际经济合作最为密切而又持续稳定发展的最新阶段；横向涉及中国和东盟的八个国家的国际贸易、国际投资、国际债务、国际援助和 GDP 五类经济指标，并将变量对数化，以弱化数据缺失对模型结果的影响。国际贸易、国际债务、国际投资、国际援助与 GDP 的函数关系式表示为：

$$gdp = f(imports, liability, invest, aid)$$

也可以表示为：$gdp_{it} = Aimports_{it}^{\alpha} liability_{it}^{\beta} invest_{it}^{\chi} aid_{it}^{\gamma}$

两边取对数，可得：

$$\log(gdp_{it}) = \log A + \alpha\log(imports_{it}) + \beta\log(liability_{it}) + \chi\log(invest_{it}) + \gamma\log(aid_{it}) + u_{it}$$

式中：log（A）为方程估计的截距，u_{it}为统计误差，系数 α、β、

① 东盟国家中，文莱和新加坡两个国家均无外债，缺乏国际债务系列数据，同时两国都属于高收入国家（2017 年人均 GDP 分别为 5.5 万美元和 3.3 万美元），与其他国家经济发展水平差异较大。因此，这里的实证只选择了东盟十国中除新加坡和文莱之外的八个国家。

χ、γ 分别表示 imports、liability、invest、aid 增长对 GDP 增长的估计弹性。

三、指标设置与数据来源

根据论证的需要，以 2000—2016 年作为样本的时间区间，以 GDP 作为实证研究的因变量，以货物和服务进口、公共外债和公共担保的外债存量、外国直接投资净流入和已收到的净官方发展援助和官方援助为自变量，数据主要来源于世界银行数据库、东盟秘书处统计年鉴以及各国政府官方网站的统计数据，具体说明见表 4－1。

表 4－1　指标选取及来源说明

	自变量	来源说明
imports	货物和服务进口	货物和服务进口是指从世界其他国家获得的所有货物和其他市场服务的价值。其包括商品、货运、保险、运输、旅游，以及建筑、金融、信息、个人和政府服务等其他服务（按现价美元计）
liability	公共外债和公共担保的外债存量	公共债务和公共担保的债务包括国家政府、政府分支机构（或二者之一的某个机构）、公共自治机构等政府债务人的长期对外债务，以及由公共实体提供偿还担保的私人债务人的对外债务（按现价美元计）
invest	外国直接投资净流入	外国直接投资是指投资者为获得在另一经济体中运作的企业的永久性管理权益（10%以上表决权）所做投资的净流入（新投资流入减去撤资）（按现价美元计）
aid	已收到的净官方发展援助和官方援助	净官方发展援助（ODA）包括以优惠条件提供的贷款的支付（减去本金偿还后的净额）和发展援助委员会（DAC）成员国的官方机构、多边机构以及非 DAC 国家提供的旨在促进 DAC 的 ODA 受援国名单中的国家和领地的经济发展和福祉的捐赠。净官方援助指的是官方捐助者向 DAC 名单第二部分中的受援国和领地提供的援助流量（偿债后的净额）（以现价美元计）

四、实证过程

首先，利用 F 统计量检验应该建立混合模型还是个体固定效应模型，部分检验结果见表 4－2。

表 4-2 F 统计量检验结果

Effects Test	Statistic	d. f.	Prob.
Cross-section F	5. 354470	(8, 32)	0. 0003
Cross-section Chi-square	38. 230197	8	0. 0000

可知 $F = 5.35 > F_{0.05}(8,32) = 2.25$，拒绝原假设，故应建立固定效应模型。再利用 H 统计量（Hausman）检验应该建立个体固定效应模型还是个体随机效应模型，部分检验结果见表 4-3。

表 4-3 H 统计量检验结果

Test Summary	Chi-Sq. Statistic	Chi-Sq. d. f.	Prob.
Cross-section random	12. 471523	4	0. 0142

可知 $H = 12.47 > \chi_{0.05}(4) = 9.49$，拒绝原假设，模型存在个体固定效应，考虑建立个体固定效应模型。

综上，进行个体固定效应模型估计，部分结果见表 4-4。

表 4-4 个体固定效应模型估计结果

Effects Specification			
Cross-section fixed (dummy variables)			
R-squared	0. 985149	Mean dependent var	24. 57817
Adjusted R-squared	0. 979580	S. D. dependent var	1. 986451
S. E. of regression	0. 283858	Akaike info criterion	0. 556169
Sum squared resid	2. 578420	Schwarz criterion	1. 078094
Log likelihood	0. 486195	Hannan-Quinn criter.	0. 750737
F-statistic	176. 8991	Durbin-Watson stat	0. 669904
Prob (F-statistic)	0. 000000		

估计方程为：

$$\log(gdp_{it}) = 3.67 + 0.43\log imports_{it} + 0.27 liability_{it} + 0.24\log invest_{it} - 0.03\log aid_{it}$$

从模型的拟合度检验结果可以看出，判定系数 $R^2 = 0.9209$，$F = 176.8991$，也就是说，回归方程中的 4 个自变量对因变量可以进行

92.09%的解释，模型的拟合度较好。另外，从模型方程可以看出，log(gdp) 与 log(imports)、log(liability)、log(invest) 正相关，与 log(aid) 呈现较小的负相关关系。

五、结论

由此可见，中国与东盟国家的国际贸易、国际债务、国际投资对区域经济增长具有显著的正效应，弹性系数分别为0.43、0.27和0.23，只是各自影响的程度有所不同。首先，国际贸易对各国经济增长的效应最为显著，这与东盟国家多属于外向型经济，进出口贸易在各国经济中具有重要地位，各国都非常重视进出口对经济的拉动作用相吻合。因此，从现实出发，进一步加强与国际贸易关系最为密切的国际税收政策协调，成为提高和实现中国与东盟国家财政政策协调效应的当务之急。

其次，国际债务和国际投资对区域经济增长的影响和效应也比较大。这与近年来各国国际债务和国际投资规模不断扩大及其对经济增长的影响不断增强相吻合。就财政政策协调而言，加强国际债务政策和国际投资政策的协调，成为继国际税收政策协调之后的重要内容。前已述及，在东盟国家中，老挝、印度尼西亚、菲律宾等国的外债规模明显偏高，越南、柬埔寨等经济落后国家的债务负担也较重（见表2－9），新加坡和文莱两个国家没有外债，区域各国债务负担水平的差异较大，各国防范债务风险的政策和机制也各不相同。也就是说，中国与东盟国家国际债务规模和政策的差异不仅预示着区域潜在的债务风险的存在，还给区域内国际债务政策的协调造成了不小的阻碍。因此，建立一个符合区域经济发展水平的国际债务政策协调体系，加强国际债务政策协调，不仅有利于强化国际债务效应推动区域经济的高质量快速发展，还可以通过国际债务政策协调有效防范和化解可能存在的债务风险，维护区域经济社会的稳定与繁荣。

最后，国际援助对中国与东盟国家经济增长的效应最不明显，其弹

性系数为 -0.03，意味着对国内生产总值具有微弱的负效应。究其原因，这可能与东盟国家获取的援助资金相对有限、国际援助资金的直接效应主要关注收入分配等因素有关；也可能与各国获取国际援助资金的规模和时间的差异较大、各国对国际援助资金的利用效率不高有着直接的联系；还和各国对外关系不同、各国获取国际资金的能力大小各异以及各国在国际援助间可能存在的一定程度上的竞争和冲突有着密切的联系。当然，也可能存在着统计数据的不准确和不完整的问题。从财政政策国际协调建议的角度，一方面，中国与东盟国家国际援助政策协调的排序可以放在国际税收、国际债务和国际投资政策协调之后；另一方面，如何加强国际援助政策协调，有效提升国际援助对区域经济发展和社会公平的作用，成为国际援助政策协调的重点。

第五章

促进中国与东盟国家财政政策协调的对策

从中国与东盟国家财政政策协调的现状出发，立足于财政政策国际协调实践的总结和借鉴，在分析中国与东盟国家财政政策协调效应的基础上，探讨促进中国与东盟国家财政政策协调的对策，就成为本书最终的落脚点和归宿。促进中国与东盟国家财政政策协调，基本的思路就是要明确协调的原则和目标，找准协调的内容和模式，探索和创新协调的机制。

第一节　中国与东盟国家财政政策协调的原则及目标

促进中国与东盟国家财政政策协调，前提是制定有关协调的原则，核心是明确协调的目标。

一、财政政策协调的原则

中国与东盟国家大多数都是发展中国家，有着提高经济社会发展水平和推进区域合作共赢的迫切愿望和要求，这是双方财政政策协调的重要起点和基石。同时，中国与东盟国家密切的经贸往来和中国—东盟自贸区等区域合作中还有着良好的合作基础①。因此，中国与东盟国家的财政政策协调，应该遵循的原则是：

1. 协商一致与灵活务实相结合

财政政策协调是中国与东盟国家政府经济合作的重要内容和机制，是提升中国与东盟国家区域经济合作水平的重要影响因素和关键，是与各国主权和政府利益直接相关的敏感领域，因此，协商一致是实现中国

① 同时，中国和东盟十国中的文莱、印度尼西亚、马来西亚、新加坡、菲律宾、泰国、越南都是亚太经合组织的成员国。

与东盟国家共同利益的基石，也是确保各国和区域财政政策走向协调的前提。具体而言，协商一致首先就意味着财政政策协调必须以尊重各国主权为基础，承认各国之间发展水平和发展阶段的差异以及由此带来的不同利益和要求，寻求各国主权的实现和区域组织协调的兼顾；其次，协商一致意味着各国就财政政策协调的形式和内容，通过对话、磋商、交换意见，最终达成共识；最后，协商一致还意味着财政政策协调的具体方案、议程、计划和措施，都必须得到各成员的一致同意。现实中，协商一致原则在中国与东盟国家有着坚实的实践基础，它既是东盟 40 余年合作与发展中的基本运作方式（即“东盟方式”①），又是中国与东盟国家经济合作和政治互信一直遵循的重要原则。

同时，中国与东盟国家经济发展水平和政治、社会、文化、历史等方面存在较大的差异，各国财政政策的目标、内容和手段也存在着较大的不同，要实现中国与东盟国家财政政策的有效协调，还必须在协商一致的基础上采取灵活务实的策略。实际上，灵活务实原则是中国与东盟国家经济社会发展水平和财政政策参差不齐的客观需要和反映。中国与东盟国家近年来的经贸合作特别是中国—东盟自贸区的建成和发展，也充分体现了灵活务实的原则和要求。《全面框架协议》第 2 条明确指出，“在中国—东盟自由贸易区谈判中，给各缔约方提供灵活性，以解决他们各自在货物、服务和投资方面的敏感领域问题”，成为中国与东盟国家财政政策协调可供直接运用的原则。而《中泰蔬菜水果零关税协议》《中国—新加坡自由贸易协定》等的签署，也可以说是中国与东盟国家财政政策协调灵活务实的典型表现和突出案例。

2. 全面协调和渐进发展的统筹

20 世纪 90 年代以来，区域经济合作早已超越了传统货物贸易的范

① 一般来说，东盟方式（ASEAN way）主要是指东盟区域经济合作遵循的协商一致原则和不干涉内政原则，它基本摒弃了国际组织通过投票表决的运作惯例，强调通过协商和对话来实现工业合作、贸易、投资等方面的经济合作。

围进入了投资、技术合作等经济活动的各个领域。同样，近年来中国与东盟国家的经济政治合作，也呈现出广泛、综合、全面的特征和趋势。适应全面经济合作和全方位合作的需要，中国与东盟国家财政政策协调，就必须在内容上坚持全面协调的原则，促进各国财政政策在多层次多领域协调程度和水平的不断提升，而不能只停留在个别内容或某种形式的协调上。

同时，中国与东盟国家的区域经济合作尚处于初级阶段，其财政政策协调还必须坚持渐进发展的原则，这既符合区域社会经济发展现实的需要，又是区域财政政策协调的一般规律。从现实的角度考虑，中国与东盟国家财政政策协调必须先易后难，循序渐进，采取切实可行的协调方式，选择符合不同发展阶段不同需要的协调内容，并立足于长远，积极谋求具有前瞻性和发展性的财政政策协调内容和方式。

3. 可持续发展与包容性增长兼顾

可持续发展包含的发展、协调、持续的要义，是建立新的国际政治经济社会秩序、保障人类社会和平生存与持续发展的基本要求，因而也是中国与东盟国家经济合作和财政政策协调应遵循的基本原则。也就是说，中国与东盟国家财政政策协调，不能只以单纯的经济增长为目标，而必须要综合考虑政策协调对经济、政治、社会、文化及生态的影响，从注重眼前利益、局部利益的协调转向长期利益、整体利益的协调，以区域经济政治社会生态的可持续发展实现财政政策协调的可持续，以财政政策协调的可持续促进区域经济政治社会的稳定、协调和发展。

同时，中国与东盟国家经济发展阶段和政府管理经济方式不同，无论是为了促进各国经济发展缩小各国和区域经济发展差距的需要，还是出于各国经济发展模式的多样性和发展进程的阶段性的考虑，都应把整体的可持续发展与个体发展机会的平等有机融合，充分体现财政政策协调的包容性发展。要看到财政政策协调只是促进和实现中国与东盟国家经济政治社会可持续发展的有效手段而非终极目的，要全面关注财政政策协调与其他经济政策共同协调。

二、财政政策协调的目标

立足于中国与东盟国家现有经济合作基础和合作框架，特别是中国—东盟自由贸易区自2010年全面建成以来已取得的丰硕成果，根据2016年7月1日生效的中国与东盟国家升级谈判成果——升级《议定书》提出的加快建设更为紧密的中国—东盟命运共同体，推动实现双边贸易额达到1万亿美元的目标规划和设想，中国与东盟国家的财政政策协调，可分为短期目标和长期目标。

1. 短期目标

预计在未来5—10年内，以实现升级《议定书》提出的推动实现双边贸易额达到1万亿美元、建设更为紧密的中国—东盟命运共同体为目标，以建立健全的财政政策协调信息沟通交流为基础，以降低和减少中国与东盟国家的财政政策间差异与冲突为直接目的，以国际税收政策协调和国际投资政策协调为主要内容，以在中国—东盟组织框架下设立财政政策协调小组和积极开展中国与东盟国家财政政策协调理论研究为支撑，为构建中国与东盟国家财政政策协调的基本框架奠定基础。

（1）建立健全中国与东盟国家财政政策协调信息沟通交流渠道与机制；

（2）积极推动现有双边税收协定和投资协定的进一步完善和落实，全面促进中国与东盟国家在国际税收政策和国际投资政策领域的协调；

（3）以促进国际援助政策协调为基础，促进区域经济发展差距的缩小；

（4）以推进国际债务政策协调为契机，积极防范区域财政风险和金融风险；

（5）建议在中国与东盟国家经济合作组织框架下设立财政政策协调小组，专门协商处理财政政策协调领域事务；

（6）积极开展中国与东盟国家财政政策协调的理论和实证研究，为中国与东盟国家财政政策协调实践提供理论指导和政策咨询建议。

2. 长期目标

预计在未来 10—20 年内，以推动和实现区域全面经济伙伴关系为目标，以增强中国与东盟国家财政政策领域合作和共同协调为目的，以进一步完善区域国际税收政策、国际投资政策协调和加快建立国际债务政策、国际援助政策协调等为主要内容，不断拓展财政政策协调的领域和方式，全面推动中国与东盟国家财政政策与货币政策协调新机制的健全和发展。

（1）全面深化区域国际税收政策和国际投资政策协调；

（2）健全和完善区域国际债务、国际援助等政策协调，积极探索社会保障、政府采购等政策协调；

（3）积极推动中国与东盟国家财政政策与货币政策协调的深入发展；

（4）以构建区域财政政策协调约束机制和共同协调准则为方向，全面推动中国与东盟国家财政政策协调的持续深化；

（5）进一步加强财政政策协调的组织机构建设和理论研究与实践总结，不断健全和创新中国与东盟国家财政政策协调机制。

第二节 中国与东盟国家财政政策协调的内容及模式

根据中国与东盟国家区域经济合作和协议框架，按照全面协调和渐进发展统筹、可持续发展与包容性增长兼顾的原则，从国际财政实践与国家财政活动相结合的角度，中国与东盟国家财政政策协调的内容和模式如下：

一、协调的内容

1. 积极、稳妥地加快国际税收政策协调

中国与东盟国家国际税收政策协调，就是要对影响和阻碍区域生产要素和商品自由流动的国际税收政策达成一致，通过共同行动来消除有害税收竞争的影响，解决国际税收领域存在的各种问题和障碍，推动主权国家税制的全面协调，有效处理区域各国税收利益关系，构建和谐的国际税收关系和环境。

中国与东盟国家国际税收政策协调，目前主要表现在由《全面框架协议》《货物贸易协议》等就关税协调制定的具体计划和各国双边国际税收协定协调中，虽已经起步但尚处于萌芽状态和初级阶段，任重而道远。

（1）以中国和东盟国家现有双边国际税收协定为基础，健全和完善中国与东盟国家国际税收协定网络。各国要适应国际税收协调发展的趋势，加快各国税收制度改革，进一步谈判签订和修改完善有关双边税收协定，加强税收管辖权、国际重复征税的减除和国际反避税等方面的合作和协调，增强税收协调意识。

（2）适时构建和加快区域多边层次的国际税收政策协调，“其基本步骤可以沿着关税协调—间接税协调—直接税协调的路线展开，同时兼顾区内、外税收协调的实现”①。

进一步巩固和全面深化关税政策协调。受国际金融危机和当前贸易保护主义的冲击，中国与东盟国家的关税协调依然任重道远。因此，“进一步按最新降税安排和计划巩固关税协调的成果，简化和规范原产地、海关以及检验检疫规则，在技术性贸易壁垒、卫生和动植物检疫措施等领域开展标准互认，通过定期协商、监督、讨论等机制和方法，最大限度地避免和消除各种非关税措施给区域生产要素自由流动和经济社会发展带来的阻碍”②。

全面推进以增值税、消费税为主的间接税政策协调。这是当前中国

---

① 赵仁平．中国—东盟自由贸易区财政制度协调研究［M］．北京：经济科学出版社，2010：211.

② 赵仁平，张春皓．中国—东盟自贸区升级谈判中的税收协调［J］．国际税收，2015（11）：6－9.

与东盟国家在关税协调之后亟待研究的重点和协调的趋势。“理论上，间接税协调涉及征税原则、税基、税率的协调，也涉及税收征管等方面的问题。立足于当前各国经济发展水平、区域合作发展阶段和税制结构的特点，中国与东盟国家的间接税协调，可行的路径是从促进税收信息的充分性和经常性交换等税收征管合作开始，逐步扩展到间接税征税原则、税基和税率的协调”①。

积极探索以所得税为主的直接税政策协调。“伴随着中国—东盟自贸区升级谈判的达成，资本、劳务、人员等生产要素的进一步流动将不可避免地涉及企业所得税、个人所得税等直接税的协调。具体而言，企业所得税的协调可从促成各国内、外资企业所得税的统一，逐步到税率水平上的协调，再进一步探索费用扣除等税基的协调。个人所得税的协调，可从协调对居民个人和非居民个人的税收政策开始，逐步促进税制模式的协调，再到税率特别是最高边际税率的协调和费用扣除项目及标准等的协调，以保证税制的效率与公平”②。

2. 高度重视和推进国际投资政策协调

中国与东盟国家国际投资政策协调，就是要对各国政府投资政策、对外投资管理和外资政策等进行协调，目的是排除区域内国际投资领域的障碍，减少各国在吸引外资政策等方面的摩擦与冲突，调整资金流向和投资利益分配，充分发挥国际投资对区域经济发展的推动作用，推动区域投资便利化和自由化。

(1) 健全和完善各国双边投资协定，夯实区域国际投资政策协调的基础③。中国和东盟各国的双边投资协定大多是20世纪80至90年代签订的，协定中的某些内容已明显过时。因此，中国与东盟国家国际投资政策协调，首先就是要修订和完善现有双边投资协定，实现各国政府

---

① 赵仁平，张春皓．中国—东盟自贸区升级谈判中的税收协调［J］．国际税收，2015（11）：6－9.

② 同上。

③ 赵仁平．中国—东盟自由贸易区财政制度协调研究［M］．北京：经济科学出版社，2010：214.

投资政策、对外投资管理和外资政策等的协调，消除各国外商投资立法中存在的不完善和不协调，夯实区域国际投资政策协调的基础。

（2）不断促进区域国际投资政策协调框架的构建和完善。《东盟关于促进和保护投资协议》和中国—东盟自由贸易区《投资协议》等为中国与东盟国家区域国际投资政策协调框架的构建奠定了初步的制度基础。因此，全面促进中国与东盟国家投资协议条款的实施，要努力搭建好区域国际投资政策的新平台，并有效处理不同层次的区域性投资协定之间协调的问题。同时，虽然中国与东盟国家《投资协议》原则上规定了相关组织实施机构①，但是，中国与东盟国家仍缺乏一个常设的专门的国际投资机构。因此，“未来仍有必要建立一个区域性国际投资机构（类似欧洲投资银行）来承担管理职能，以更好地促进区域经济开发和均衡发展”②。

（3）积极推动多边国际投资政策协调框架的创建。“对于区域经济合作而言，实施有效的共同政策制度是推进国际直接投资的根本保证，抑制有害和被动的引资政策博弈是引导国际直接投资必要性发展的必要手段”③。在充分吸收全球国际投资政策与共同规范的基础上，继承和完善中国与东盟国家原有各层次的投资协议，探索建立区域多边国际投资政策协调和共同投资规范。

3. 努力构建和促成国际债务政策协调

中国与东盟国家国际债务政策协调，就是要构建一个与区域经济社会发展相适应的高效的国际债务运行机制和风险防范体系，促成各国外债政策、规模、效益、风险控制以及债务重组等的协调，目的不仅在于增强各国在国际债务问题中的谈判协调能力和各国国际债务融资能力，

---

① 《投资协议》规定，由中国—东盟经济高官会支持与协助的中国—东盟经济部长会应监督、指导、协调并审议本协议的实施。

② 赵仁平．中国—东盟自由贸易区财政制度协调研究［M］．北京：经济科学出版社，2010：214.

③ 曹宏苓．自由贸易区拉动发展中国家国际直接投资效应的比较研究——以东盟国家与墨西哥为例［J］．世界经济研究，2007（6）：23.

还可以起到监控各国债务规模、防范债务风险和债务危机、增强抵御债务风险的能力等作用，有效提高国际债务利用效率，维护区域经济政治社会的稳定和发展。

(1) 积极构建中国与东盟国家国际债务风险指标体系，探索建立区域国际债务预警和防范机制。受中国与东盟国家当前发展阶段和水平的限制，短期内尚不可能形成如欧盟《马斯特里赫特条约》所规定的共同债务目标等控制体系和方式。因此，可行的现实方案是在中国与东盟国家互相通报各国债务信息的基础上，建立专门的机构对区域国际债务规模进行监控，适时发布有关区域国际债务风险指标体系，并提出有关国际债务风险防范的指导性意见或建议，逐步建立、健全中国与东盟国家国际债务政策协调的机制和框架。长期中，还可以逐步探索类似欧盟公共债务指标式的适合中国与东盟国家的国际债务指标体系。

(2) 加强中国与东盟国家间国际债务政策及其与区外债务政策的协调。中国与东盟国家多属发展中国家，在国际债务体系中主要以债务国的身份出现，一方面，争取一定的外资，提高外债的利用效率，是中国与东盟国家经济发展的当务之急；另一方面，避免陷入国际债务危机，有效化解债务风险，也是中国与东盟国家不得不考虑的问题。因此，中国与东盟国家间国际债务政策的协调，是有效防止各国间的引资博弈和恶性竞争的需要，也是提高区域外债利用效率的重要前提。同时，中国与东盟国家国际债务政策与区外债务政策的协调，实质上就是提高和增强中国与东盟作为一个整体在国际债务体系中的影响和谈判能力，从而创造更为有利的国际债务环境，避免国际债务危机，提高债务利用效率，促进区域经济社会的稳定发展。

4. 切实完善和加强国际援助政策协调

中国与东盟国家国际援助政策的协调，核心在于完善和加强区域国际援助政策体系的构建和协调，以充分争取发达国家的援助，促进区域经济社会的发展和收入分配的均衡。

(1) 科学定位区域国际援助政策协调的功能。国际区域收入再分配和公共服务均等化的实现，往往依赖于各国间的转移支付，而其中最常见的方式就是国际援助。因此，国际援助政策不仅具有收入再分配的意义，还在区域合作中具有促进区域收入分配公平和公共服务均衡的目的。一定意义上，中国与东盟国家国际援助政策协调，就是区域间政府转移支付制度的构建和协调。

（2）关注中国与东盟国家双边国际援助政策的构建和协调。虽然目前中国与东盟国家相互给予的各种援助相对有限，但是，各国相互给予的国际援助将直接有助于促进中国与东盟国家收入再分配的公平和区域经济社会的均衡发展，有助于各国政治经济关系的增强。

（3）不断加强中国与东盟各国国际援助政策及其与区外国际援助政策的协调。中国与东盟各国在国际援助体系中主要是受援国，各国都有充分利用国际援助的相关政策和制度安排，客观上存在着政策不完善和各自为战甚至相互竞争的局面。因此，加强中国与东盟各国国际援助政策及其与区外国际援助政策的协调，避免各国在利用国际援助上的恶性竞争和冲突，本质上就是更好地争取国际援助促进区域经济发展的重要举措。同时，中国与东盟国家作为一个整体，可以提高在国际援助体系和秩序中的地位和影响，从而增强在争取国际援助中的主动性和谈判能力，增强中国与东盟国家获取和有效利用国际援助的能力，全面推进国际援助政策的公平性和有效性。

（4）逐步构建中国与东盟国家多边国际援助制度体系和政策协调。总体上，中国与东盟国家尚缺乏真正意义上的多边国际援助政策和机构的设想和功能定位。在区域多边援助方式下，援助提供上的自愿因素和公平性将在很大程度上排除传统援助国从自身利益方面的考虑，可以更多地关注区域社会经济发展和均衡目标的实现，还国际援助政策最初作为国际再分配方式的本来面目和意义，促进区域经济社会的可持续发展和包容性增长。

5. 积极寻求财政政策与货币政策的协调

财政政策和货币政策是当代宏观经济政策体系中两大支柱，它们有着不同的机制、特点和作用方式，又具有千丝万缕的联系，如果两者协调配合不力，则会损害宏观经济运行效率和宏观调控能力。无论是从国家财政政策体系还是从国际财政实践的角度，财政政策与货币政策的协调成为财政政策协调的重要组成和内容。近年来，欧盟共同财政政策的实践也证明了两大政策协调配合的重要性。中国与东盟国家财政政策与货币政策协调，就是从区域宏观经济政策协调的角度，有效发挥财政政策和货币政策的合力及整体效应，避免单独的财政政策或货币政策运用的缺陷以及两大政策之间可能存在的掣肘与冲突。

现实中，公债政策是联系财政政策与货币政策的重要纽带和桥梁。公债从发行到流通再到偿还的各个阶段，都伴随着财政政策和货币政策的不同操作和运用，既发挥着财政政策的功能，又有着货币政策的属性。从政府债务政策的角度，财政政策与货币政策的协调具有天然的内生属性。因此，无论是出于弥补政策体制的缺陷，还是防范中央银行与财政当局间的非合作可能引发的财政政策与货币政策的竞争，财政政策与货币政策协调都是宏观经济政策领域不得不关注的重要内容。

二、协调的模式

中国与东盟国家经贸关系的长期稳定发展和双边政治互信的增强，特别是中国—东盟自由贸易区的建成和升级谈判《议定书》的达成，为中国与东盟国家财政政策协调奠定了坚实的基础。而加快建设更为紧密的中国—东盟命运共同体，促进区域全面经济伙伴关系的共同愿望和迫切需求，为中国与东盟国家财政政策的协调指明了方向和蓝图。中国与东盟国家财政政策协调，可供选择的主要模式是：以中国与东盟国家单边协调为起点，以双边或多边谈判协议达成协调的准则和规范为核心，以短期的财政政策协调指引（或指导性意见）和长期的共同规范约束（或财政政策一体化）为表现形式，实现财政政策协调的可持续发展和包容增长。

1. 单边协调

财政政策协调的单边协调是指中国与东盟各国主动适应区域全面经济合作不断深入的要求和国际财政政策演化发展的趋势，自主改革和调整各国财政政策的目标、手段和方式，适度减少各国财政政策间的摩擦或冲突，从而促进和实现区域财政政策协调。它既可以表现为各国适应区域经济合作形势和要求的单方面行为，又可以表现为各国在有关政策协调的指导性意见下的选择性调整或某种默契。这种协调的基本特点是始终尊重各国主权和强调自主性，并主要以单方面行动为表现形式，不直接涉及区域内其他国家的财政政策和财政利益关系调整。其中，主要经济体（或大国）的单边协调往往具有示范性或导向意义，对推动区域财政政策协调具有重要意义。具体而言，中国可以在区域财政政策协调中更好地发挥这种单边协调的导向作用或示范意义。

2. 谈判协议

财政政策协调的谈判协议是指中国与东盟国家通过双边或多边形式的对财政政策协调的具体内容如国际税收政策、国际投资政策等的协调展开磋商、交流和谈判，最终达成一致的协调原则、宣言、协议以及具体执行计划等，从而在较大范围和程度上实现区域财政政策协调，它是目前中国与东盟国家财政政策协调最主要的模式。这种协调的基本特点是以协调规则的达成和各方权利义务的对等为保证，以强调共识和合作为核心，协调的可持续性和包容性更强，协调也更为稳定和富有成效，但往往交易成本较高，并存在着策略行为等问题。

3. 共同规范约束或政策一体化

财政政策协调的共同规范或政策一体化是指中国与东盟国家就财政政策协调达成一套统一的协调规则或一体化政策的制度安排，或者以区域共同财政政策指导原则或指令的形式，由各国自行决定采纳或参照，或者以未来达成政策一体化条约或公约（类似于《马斯特里赫特条约》）的形式，形成共同法律规范推行于中国与东盟国家。这种协调的特点往往是以让渡部分财政主权为基础，以共同遵守的规范和一体化政策安排为表现形式，是财政政策协调的高级形式。它往往存在于更为高级的区域经济合作组织形式如欧盟。目前来看，这种协调模式暂时还很难运用到中国与东盟国家，但它是未来中国与东盟国家财政政策协调可供选择的重要模式。

第三节　加快构建中国与东盟国家财政政策协调新机制

中国与东盟国家财政政策协调的实现，离不开合理的协调机制构建。从推进中国与东盟国家全面经济合作深入发展和实现财政政策协调目标的角度，创新和探索中国与东盟国家财政政策协调的机制成为中国与东盟国家财政政策协调研究必不可少的内容。

一、财政政策协调是一种区域性国际公共产品

区域性国际公共产品是公共产品在区域性国际经济合作中的延伸与扩展，它既有公共产品的基本属性，又是区域性国际经济合作的要求和反映。一般来说，区域性国际公共产品具有以下特点：第一，它有一定或明确的地域限制，其成本通过协商来分摊，能够比较有效地防止和排除该产品被“私物化”；第二，其涵盖范围较小，各国从中获得的收益和付出的成本比较较为清晰，能避免全球性国际公共产品的“免费搭车”；第三，它能更直接地反映区域不同类型国家的需求，从而使其机制和制度更契合区域稳定与发展的需要①。中国与东盟国家财政政策协

① 樊勇明．区域性国际公共产品——解析区域合作的另一个理论视点［J］．世界经济与政治，2008（1）：7－13.

调，就是服务于中国与东盟国家区域国际经济合作的财政政策安排，其成本由区域内国家共同分担，收益由区域内各国共享，因而是中国与东盟国家间的一种典型的区域性国际公共产品，具有区域性国际公共产品的全部属性和特征。

财政政策协调作为一种区域性国际公共产品，起源于区域性国际市场的失灵。“这种区域性国际公共产品的成本和收益，可以解决区域合作中共同利益的生成与扩大等现实问题”①，有利于增强区域合作的稳定性，提升区域内国家间的依存度，强化区域的集体身份认同感，促进区域合作规模的扩展和升级，因而成为强化中国与东盟国家财政政策协调意愿的重要途径。

在供给机制上，与传统公共产品政府提供或市场竞争机制供给不同，也区别于一般意义上的国际公共产品可能存在的霸权单边供给或国际援助式的自愿提供，中国与东盟国家财政政策协调，主要是各国面对面交流、协商、谈判的结果，是有共同利益的区域各国自主组织合作博弈的反映，属于集体行动问题，因而必须按照集体行动的逻辑和组织运行机制来进行。

二、明确协调主体定位，健全运行机制体系

中国与东盟国家财政政策协调，最直接的协调主体就是各国政府或区域经济组织机构。但是，各国政府或区域组织机构在协调中扮演什么样的角色，是财政政策协调能否有效运行的关键。因此，明确政策协调各个环节中协调主体的角色定位，对于推进中国与东盟国家财政政策协调，具有重要的意义。

第一，信息传递者。中国与东盟国家经济社会文化水平不同，各国

---

① 卢光盛．区域性国际公共产品与GMS合作的深化［J］．云南师范大学学报（哲学社会科学版），2015（4）：130－137.

财政政策既有共性又存在着较大差异，全面掌握各国经济社会和财政政策状况是进行协调的基础。因此，各国政府或区域组织机构必须全面搜集和准确传递信息，增强信息交流和了解，构建通畅、高效的信息交流渠道和机制，为区域财政政策协调的决策和执行提供全方位的信息支持。

第二，规划决策者。财政政策作为政府经济活动和经济行为的最主要内容和具体体现，其协调的目标、形式、内容和程度往往直接取决于各国政府或区域组织机构的谈判、协商以及达成的协议成果，它们是参与财政政策协调的战略规划者和决策者，关系着财政政策协调未来的发展方向和实施进程。

第三，组织执行者。中国与东盟国家财政政策协调的具体推进，必须由各国政府或区域组织机构来组织、实施。它既表现为各国政府或区域组织机构直接出面商谈签署有关协议、制定具体的协调计划和步骤，又表现为各国政府或区域组织机构直接参与区域经济活动（如国际投资、国际援助等）作为财政政策协调的具体执行者，还表现为各国政府或区域组织机构通过指导性的政策建议促进或支持非政府组织和机构等来推进区域财政政策的协调。

第四，争端调停者。中国与东盟国家财政政策协调，就是对各国不同财政利益和财政关系的调整，是一个利益摩擦和冲突得以调和的过程。利益摩擦和冲突在所难免，有效地解决争端是财政政策协调运行的重要环节和要求。因此，中国与东盟国家财政政策协调的实现，各国政府或区域组织机构还应借助于有关外交、法律等手段来有效调处可能出现的争端和分歧。

总之，中国与东盟国家财政政策协调，是各国政府或区域组织机构的职责所在，各国政府或区域组织机构不但应该在信息传递、规划决策、组织执行和争端调定等各个环节上有所作为，而且应该大有作为，不断推进运行机制体系的健全。

三、持续加强财政政策国际协调的理论研究

没有理论的指导，就不会有现实的行动。中国与东盟国家财政政策协调的推进，必须要有科学、全面的财政政策国际协调理论和实证成果作为指导；同时，中国与东盟国家财政政策协调的实践，又为财政政策国际协调的理论研究提供了具体的案例和实证材料。

目前，中国与东盟国家财政政策协调的理论研究还十分薄弱，且远远滞后于区域经济合作和发展的进程，直接成为制约财政政策协调的重要因素之一。从国际借鉴的角度，欧盟财政政策协调的进程和取得的成就，都是与相关的理论研究成果分不开的。其中，以纽马克教授为领导的研究小组对欧共体内部直接税协调问题的研究、“马丁小组”对欧盟直接税协调的贡献以及有害税收竞争理论等，都在很大程度上影响着欧盟税收协调的发展。因此，高度重视和加强理论研究，特别是深入开展中国与东盟国家在财政政策不同领域的协调效应的实证分析和研究，将直接为中国与东盟国家财政政策协调提供理论指导和决策参考，并将在一定程度上影响着财政政策协调的进程。

四、以组织机构建设推动财政政策协调机制的完善

目前，中国与东盟国家在区域经济合作上没有常设的组织机构。但是，经过多年的摸索与实践，中国与东盟国家在实践中发挥作用的组织机构包括：第一，首脑会议，一般由各国元首或政府首脑参加，决定双方经济合作的重大指导原则与战略决策；第二，部长会议，由各国的相关部长组成，协调确定经贸合作各个领域的框架内容；第三，高官会议，是负责区域组织日常活动的最高机构；第四，联委会及专家组，负责具体领域的工作。总体来看，在相互尊重、平等互利、协商一致基础上，双方初步形成了一套较为完整的经济合作决策及执行机制。有鉴于

此，中国与东盟国家区域财政政策协调，既可以借助部长会议和高官会议来进行，即在部长会议或高官会议的框架下，设立专门的财政政策协调小组，又可以在联委会及专家组框架下，设立专门的财政政策协调联委会或专家组（特别是在财政政策协调的理论研究和争端调处方面）。

长远来看，建议在组织机构安排特别是未来有可能设立的中国与东盟区域合作的常设固定组织机构中，设立专门的财政政策委员会以研究和处理财政政策协调问题。这种设立专门的财政政策协调组织机构的设想，不仅是对欧盟和北美自由贸易区财政政策协调的借鉴，还是弥补现有中国与东盟经贸合作决策中“东盟方式”的不足①的需要。

五、多形式推进财政政策多层次协调

中国与东盟国家财政政策协调，拥有从各国单边协调到共同规范约束或政策一体化等不同发展阶段和水平的形式，它们具有各自不同的特点和优势；同时，财政政策协调在内容上具有明显的多层次性特征，不同层次的协调具有不同的重点和效应。因此，中国与东盟国家财政政策协调，可在借鉴欧盟、北美自由贸易区财政政策协调的基础上，多形式并重，渐进推进财政政策的多层次协调。

同时，中国与东盟国家财政政策协调，不能盲目追求形式，必须注重财政政策协调的内容和实效。无论是税收政策协调还是国际投资、国际援助和国际债务政策的协调，都不能仅仅有一个庞大的规划而无实际的举措和步骤。从关税协调到间接税和直接税协调的路径，只是区域税收政策的一般规律，不是也不可能是中国与东盟国家税收政策协调唯一的路线和规划。实际上，即便是在税收一体化道路上走得最远的欧盟，在其直接税协调进展缓慢的情况下，转而侧重于税收征管领域的协调。在国际债务和国际援助政策协调领域，就像欧盟共同财政预算和约束没

---

① 一般认为，东盟决策方式的松散灵活、一致性和不干涉内政原则有其优越性，但也存在着交易成本高、层次性不够、权威性不足等问题。

有有效预防和控制希腊主权债务危机一样，简单制定一个空泛的债务指标体系或援助计划而不关注协调的实质内容和具体社会经济效应，将使财政政策协调流于形式而失去其存在的意义。

六、积极试点探索，不断强化信誉保障

中国与东盟国家财政政策协调，目前已有许多不同范围和不同层次的区域经济合作形式，既有早期的澜沧江—湄公河次区域和中国—东盟自由贸易区等平台，又有由东盟十国发起并于 2020 年 11 月 15 日正式签署的《区域全面经济伙伴关系协定》(Regional Comprehensive Economic Partnership，RCEP) 和中国海南自由贸易试验区等新框架，它们构成中国与东盟国家财政政策协调最为理想的试验田，可以在不同层次和不同程度上更好地试点和探索财政政策协调的有关制度安排和组织机构建设，从而为中国与东盟国家财政政策协调的全面推进提供直接的检验和经验积累。

在财政政策协调中，信誉也至关重要。无论是从重复博弈的角度还是从政治互信的角度，信誉对保证协议的达成和贯彻执行都具有不可低估的价值。正如哈马达模型分析的，如果各国在协定执行中遵守诺言，就可以达到帕累托最优，否则，一方违约时，另一方就以回到纳什均衡点来威胁，这对参与协调的各国构成一种潜在的约束①。信誉在正式的一纸协议之外构建了一种潜在的约束，既是对协议的强化，又是对协议提供的保障。在欧盟财政政策协调中，信誉为其深化提供了重要的保证。而中国—东盟自由贸易区的建成和快速稳定发展，也与中国在东南亚危机中信守承诺和双方政治互信的不断增强密切相关。因此，不断强化中国与东盟国家财政政策协调的信誉，也是深化和推进中国与东盟国家财政政策协调的重要保障。

---

① 成新轩. 欧盟经济政策协调制度的变迁 [M]. 北京：中国财政经济出版社，2003：192.

参考文献

[1] Bela Balassa. The Theory of Economic Integration. London: Allen & Unwin, 1962.

[2] Jan Tinbergen. International Economic Integration. Amsterdam: Elsevier, 1965.

[3] Richard N. Cooper. The Economics of Interdependence: Economic Policy in the Atlantic Community. New York: McGraw-Hill, 1968.

[4] J. & Taylor. Macroeconomic Policy in a World Economy from Econometric Design to Practical Operation. NewYork: W. W Norton & Co Inc, 1993.

[5] Hicks, U. K.. Public Finance. Macmillan and Company Ltd., 1967.

[6] Due, J. F.. Government Finance: Economics of the Public Sector. Richard D. Irwin, Inc., 1968.

[7] Keiser, N. F.. Macroeconomics, Fiscal Policy and Economic Growth. New York: John Wiley & Sons, Inc., 1964.

[8] Richard N. Cooper. Macroeconomic Policy Adjustment in Interdependent Economies. Quarterly Journal of Economics, 1969, 83 (1).

[9] Niehans, J.. Monetary and Fiscal Policies in Open Economies under Fixed Exchange Rates: An Optimizing Approach. Journal of Political Economy, 1968, 76: 893 - 920.

[10] Hamada, Koichi. A Strategic Analysis of Monetary Interdependence. Journal of Political Economy, 1976, 84.

[11] Hamada, Koichi. Macroeconomic Strategy and Coordination Under Alternative Exchange Rates. In Dornbusch and Frenkel, 1979: 292 - 324.

[12] Gilles Oudiz, Jeffrey Sachs. Macroeconomic Policy Coordination among the Industrial Economics. Brookings Papers on Economic Activity, 1984, 15 (1).

[13] Canzoneri, Matthew and Dale Henderson. Monetary Policy in Interdependent Economies: A Game-Theoretic Approach. Cambridge (Mass.): MIT Press, 1991.

[14] Beetsma, R. and H. Uhlig. An Analysis of the Stability and Growth Pact. The Economic Journal, 1999 (109): 546 - 571.

[15] M. Obstfeld, K. Rogoff. Exchange Rate Dynamics Redux. Journal of Political Economy, 1995, 103.

[16] G. Benigno, P. Benigno. Price Stability in Open Economies. Review of Economic Studies, 2004, 70.

[17] Evi Pappa. Do the ECB and the Fed Really Need to Cooperate? Optimal Monetary Policy in a Two-country World. Journal of Monetary Economics, 2004, 54 (4).

[18] R. Kollmann. Explaining International Comovemcnts of Output and Asset Returns: The Role of Money and Nominal Rigidities. IMF Working Paper, WP99/84, 1999.

[19] Caporale, G.. Bubble Finance and Debt Sustainability: A Test of the Government's Intertemporal Budget Constraint. Applied Economics, 1995, 27 (12): 1135 - 1143.

[20] Soyoung Kim. International Transmission of U.S. Monetary Policy Shocks: Evidence from VAR's. Journal of Monetary Economics, 2002, 48.

[21] Darvas, Z., Rose, A.K. and Szapory, G.. Fiscaland business cycle synchronization: irresponsibility is idiosyncratic. NBER Working Paper, No. 11580, 2005.

[22] Fǘtds, A. and Mihov, I.. on Constraining Fiscal Policy Discretion in EMU. Oxford Review Of Economic Policy, Vol. 19, No. 1, 2003.

［23］ Fatás, A. and Mihov, I.. The Case for Restricting Fiscal Policy Discretion. Quarterly Journal Of Economics, Vol. 118, No. 4, 2003.

［24］ Hagen, V.. Electoral Institutions, Cabinet Negotiations, and Budget Deficits in the European Union. NBER Working Paper, No. 6341, 2012.

［25］ Gali, J. and Perotti, R.. Fiscal Policy and Monetary Integration in Europe. Economic Policy, Vol. 18, No. 37, 2003.

［26］ Lane, P. R.. The Cyclical Behavior of Fiscal Policy: Evidence from the OECD. Journal Of Public Economics, Vol. 87, No. 12, 2003.

［27］ 奥利弗·E. 威廉姆森. 资本主义经济制度［M］. 北京：商务印书馆，2002.

［28］ Russell W. Cooper. 协调博弈——互补性与宏观经济学［M］. 北京：中国人民大学出版社，2001.

［29］ 托马斯·谢林. 冲突的战略［M］. 北京：华夏出版社，2005.

［30］ 施建生. 云五社会科学大辞典·经济学［M］. 台北：台湾商务印书馆，1970.

［31］ 陈共. 财政学（第九版）［M］. 北京：中国人民大学出版社，2017.

［32］ 郭庆旺，赵志耘. 财政学［M］. 北京：中国人民大学出版社，2002.

［33］ 王曙光. 财政税收理论与政策研究［M］. 北京：经济科学出版社，2015.

［34］ 成新轩. 欧盟经济政策协调制度的变迁［M］. 北京：中国财政经济出版社，2003.

［35］ 刘宁宁. 欧洲经济货币联盟政策协调机制研究［M］. 北京：经济科学出版社，2006.

［36］ 樊莹. 国际区域经济一体化的经济效应［M］. 北京：中国经济出版社，2005.

［37］ 曹宏苓. 国际区域经济一体化［M］. 上海：上海外语教育出版

社，2006.

[38] 李金珊．欧盟经济政策与一体化［M］．北京：中国财政经济出版社，2000.

[39] 董勤发．国际财政研究［M］．上海：上海财经大学出版社，1997.

[40] 李奕滨，周华．国际经济合作［M］．上海：立信会计出版社，2005.

[41] 朱青．国际税收（第二版）［M］．北京：中国人民大学出版社，2004.

[42] 边曦．东盟十国税收制度［M］．北京：中国财经出版社，2007.

[43] 赵仁平．中国—东盟自由贸易区财政制度协调研究［M］．北京：经济科学出版社，2010.

[44] 覃主元等．战后东南亚经济史（1945—2005）［M］．北京：民族出版社，2007.

[45] 中国国际经济交流中心课题组．欧债危机评估及中国对策［M］．北京：社会科学文献出版社，2014.

[46] 卢进勇，余劲松，齐春生．国际投资条约与协定新论［M］．北京：人民出版社，2007.

[47] 卢现祥．西方新制度经济学（修订版）［M］．北京：中国发展出版社，2003.

[48] 张五常．经济解释［M］．北京：商务印书馆，2001.

[49] 王勤．东盟国际竞争力研究［M］．北京：中国经济出版社，2007.

[50] 唐文琳，范祚军，马进．中国—东盟自由贸易区成员国经济政策协调研究［M］．南宁：广西人民出版社，2006.

[51] 霍伟东．中国—东盟自由贸易区研究［M］．成都：西南财经大学出版社，2005.

[52] 曲如晓，闫庆悦. 新编国际经济学 [M]. 北京：经济管理出版社，2004.

[53] Maurrice Schiff，L. Alan Winters. 区域一体化与发展 [M]. 北京：中国财政经济出版社，2004.

[54] 成新轩. 欧盟财政政策协调分析 [J]. 世界经济，2003 (5).

[55] 黄梅波. 宏观经济政策协调的进展和成效：回顾和展望 [J]. 世界经济，2004 (3).

[56] 黄梅波，胡建梅. 中国参与国际宏观经济政策协调的收益分析 [J]. 经济经纬，2010 (6).

[57] 范祚军，唐奇展. 中国—东盟自由贸易区财政政策协调的理论分析——CAFTA 进程与宏观经济政策协调研究系列之二 [J]. 广西大学学报（哲学社会科学版），2005 (1).

[58] 张彬，胡晓珊. 欧盟财政政策协调的制度创新 [J]. 法国研究，2005 (1).

[59] 蒙丽珍. 中国—东盟自由贸易区框架下的财政政策协调 [J]. 财政研究，2007 (9).

[60] 朱青. 欧元区财政政策的协调及其面临的挑战 [J]. 吉林工商学院学报，2008 (1).

[61] 董书慧. 欧元区国家财政政策协调的路径选择 [J]. 世界经济，2008 (2).

[62] 孟艳. 欧元区国家财政政策与货币政策协调研究 [J]. 财政研究，2010 (11).

[63] 马静. 从爱尔兰主权债务危机分析欧盟财政政策的缺陷——兼谈对东盟财政政策协调的启示 [J]. 金融纵横，2012 (9).

[64] 孙瑾，刘文革，郭文杰. 欧元区主要国家间财政政策协调与经济周期协动性关系研究 [J]. 宏观经济研究，2014 (4).

[65] 孙瑾，郑雅洁. 后危机时代中国与欧美财政政策协调研究 [J]. 经济理论与经济管理，2014 (7).

[66] 谭理思，李秋林．欧元区财政政策协调规则研究［J］．学术交流，2015（1）．

[67] 靳东升．税收国际协调的展望及思考［J］．经济社会体制比较，2002（5）．

[68] 黄立新．欧元与欧盟的财政政策协调［J］．欧洲研究，2003（1）．

[69] 邓力平．国际税收竞争的不对称性及其政策启示［J］．税务研究，2006（5）．

[70] 钟晓敏．论欧盟税收政策的协调［J］．世界经济，2002（2）．

[71] 成新轩．试析欧盟的间接税协调［J］．欧洲，2002（4）．

[72] 葛夕良．欧盟的直接税协调［J］．扬州大学税务学院学报，2004（1）．

[73] 中国税务学会税收学术研究委员会《经济全球化税收对策》课题组．经济全球化条件下的国际税收协调［J］．税务研究，2005（9）．

[74] 常世旺．公式分配法：国际税收协调新方式［J］．涉外税务，2005（8）．

[75] 王燕武．国际税收协定与 FDI 相关性研究综述［J］．国际经贸探索，2008（7）．

[76] 林品章．国际财政若干问题的研究［J］．财政研究，1995（1）．

[77] 周弘，张浚，张敏．外援与发展：以中国的受援经验为例［J］．欧洲研究，2007（2）．

[78] 宋林霖，柳雪莲．我国公共政策制定的时间成本管理探析［J］．中国行政管理，2010（9）．

[79] 谢世清．希腊主权债务危机的演变和援助效果评析［J］．宏观经济研究，2017（7）．

[80] 许晓曦．财政补贴与外向经济发展［J］．亚太经济，2004（3）．

[81] 张小瑜．自由贸易协定中的政府采购［J］．国际贸易，2008（2）．

[82] 沈木珠．政府采购国际趋势与我国立法之完善［J］．国际经贸探索，2006（4）．

[83] 徐彬彬．亚太政府采购协定研讨会在烟台召开［N］．中国改革报，2008－9－28日第7版．

[84] 平新乔．全球性公共品（GPG）及其我们的对策（上）［J］．涉外税务，2002（10）．

[85] 李光辉．新时代：推动形成全面开放新格局［J］．国际贸易，2018（1）．

[86] 朱青．中国与东盟成员国转让定价税务管理的比较［J］．涉外税务，2007（4）．

[87]“中国—东盟税收问题研究”课题组．中国—东盟税收协调问题研究［J］．涉外税务，2008（4）．

[88] 李冬青．中国—东盟自由贸易区投资制度安排模式探讨［J］．广西政法管理干部学院学报，2008（2）．

[89] 黄梅波，王璐，李菲瑜．当前国际援助体系的特点及发展趋势［J］．国际经济合作，2007（4）．

[90] 杨宏恩．中国与东盟国家的引资博弈——以日本国际直接投资为视角［J］．生产力研究，2006（6）．

[91] 周毓萍，桑杰尔·拉尔．中国吸引外资对东南亚国家吸引外资影响的实证研究［J］．国际贸易问题，2005（12）．

[92] 陶攀，洪俊杰，刘志强．中国对外直接投资政策体系的形成及完善建议［J］．国际贸易，2013（9）．

[93] 李湘纯．东盟外国投资的决定因素研究——基于经济视角和制度视角［J］．现代经济信息，2015（2）．

[94] 周弘，张浚，张敏．外援与发展：以中国的受援经验为例［J］．欧洲研究，2007（2）．

[95] 罗建波．中国对外援助的九大特色［J］．国际援助，2016（4）．

[96] 吴杰伟．中国对东盟国家的援助研究［J］．东南亚研究，2010

(1).

[97] 杨斌. 论墨西哥金融危机的原因、影响及启示 [J]. 沈阳大学学报（哲学社会科学版），1996 (4).

[98] 张遂. 简析墨西哥金融危机后经济恢复的政策目标 [J]. 生产力研究，1998 (1).

[99] 张新生，朱书林. 墨西哥金融危机的背景、影响与教训 [J]. 现代国际关系，1995 (3).

[100] 世界经济统计报告课题组. 金融危机导致经济衰退，共克时艰推动经济复苏——2008 年世界经济简要回顾及 2009 年初步展望 [J]. 中国统计，2009 (2).

[101] 姜佳昕. 2008 年国际金融危机对中国的影响及其启示 [J]. 经济视野，2017 (24).

[102] 华民，刘佳，吴华丽. 应对全球危机的正确之道：政府政策与市场力量的正确组合 [J]. 世界经济情况，2009 (3).

[103] 吴勤学，王晓芳. 2008 全球金融危机成因综述及简评 [J]. 北京联合大学学报（人文社会科学版），2009 (2).

[104] 谢贵兰. 2008 年国际金融危机产生的三大原因分析 [J]. 湖南社会科学，2010 (5).

[105] 杜风华. 应对金融危机的财政货币政策研究 [J]. 财政研究，2009 (7).

[106] 张明. 美国的财政政策能够持续吗 [J]. 国际经济评论，2009 (4).

[107] 张伟，朴明根. 当前金融危机下美国救市政策效果的经济学分析 [J]. 财经问题研究，2009 (6).

[108] 吴弦. 金融风暴与欧盟的应对行动协调——内在动因与主要举措述析 [J]. 欧洲研究，2009 (1).

[109] 张磊. 国际金融危机对日本经济的影响及启示 [J]. 日本研究，2010 (1).

[110] 黄新华 . 政治过程、交易成本与治理机制——政策制定过程的交易成本分析理论 [J]. 厦门大学学报：哲学社会科学版，2012 (1).

[111] 杜威，姚践 . 浅谈财政风险防范 [J]. 地方财政研究，2006 (2).

[112] 中国财政科学研究院课题组 . 财政：积极防御风险 [J]. 新理财：政府理财，2017 (6).

[113] 樊勇明 . 区域性国际公共产品——解析区域合作的另一个理论视点 [J]. 世界经济与政治，2008 (1).

[114] 卢光盛 . 区域性国际公共产品与 GMS 合作的深化 [J]. 云南师范大学学报：哲学社会科学版，2015 (4).

[115] 韩霖，周咏雪 . 欧盟消费税制共性、特点及对中国的几点启示 [J]. 国际税收，2015 (5).

[116] 张彬，高峰 . 论欧元区建立后欧盟成员国间的财政协调 [J]. 经济评论，2000 (5).

[117] 郭娆锋 . 希腊债务危机的演变、原因及传导机制研究——兼论希腊退出欧元区的成本 [J]. 财政研究，2015 (11).

[118] 沃纳 · 伊伯特 . 欧洲经济财政政策协调、“退出”战略及德国的作用 [J]. 欧洲研究，2010 (4).

[119] 林欣 . 北美自由贸易区二十年发展的回顾与展望 [J]. 理论月刊，2015 (9).

[120] 焦小平 . 东南亚金融危机给我们的启示 [J]. 财政研究，1999 (1).

[121] 曹云华 . 前途光明道路曲折——写在东南亚金融危机一周年之际 [J]. 南亚研究，1998 (5).

[122] 童锦治，杨俊南，姚睿 . 东南亚金融危机中各国税收政策的调整及启示 [J]. 涉外税务，1999 (2).

[123] 魏燕慎 . 东南亚金融危机的启示、影响与前瞻 [J]. 当代亚太，1998 (1).

[124] 哈迪·泽萨斯特罗. 东南亚金融危机中的东盟 [J]. 南洋资料译丛, 1999 (2).

[125] 江时学. 论 1994 年墨西哥金融危机 [J]. 世界历史, 2002 (6).

[126] R·麦金农. 墨西哥金融危机: 是过度举债还是过度放贷 [J]. 宋协莉等译. 经济社会体制比较, 1995 (3).

[127] 何盛明, 刘尚希. 墨西哥金融危机的教训与启示 [J]. 财贸经济, 1995 (5).

[128] 许建秋. 墨西哥金融危机的教训和启示 [J]. 财政研究, 1995 (4).

[129] 江涌, 樊启洲. 墨西哥与泰国金融危机析同 [J]. 长江论坛, 1998 (1).

[130] 凤翔. 东南亚金融危机分析及启示 [J]. 江淮论坛, 1998 (2).

[131] 财政部关税司. 欧盟关税概况 [J]. 预算管理与会计, 2015 (9).

[132] 边明社, 赵仁平. 中国与东盟各国税收制度比较 [J]. 东南亚研究, 2010 (3).

[133] 赵仁平. 论国际区域财政研究的基本框架 [J]. 云南财经大学学报, 2007 (4).

[134] 赵仁平. 我国国际财政研究综述 [J]. 云南财经大学学报, 2010 (1).

[135] 赵仁平, 张春皓. 中国—东盟自贸区升级谈判中的税收协调 [J]. 国际税收, 2015 (11).

[136] 国际商报 (2018-05-10). 中国东盟加强合作促进区域繁荣 [EB/OL]. http://fta.mofcom.gov.cn/article/chinadongmeng/dongmengfguandian/201805/37919_1.html。

[137] 中国国际贸易促进会驻新加坡代表处. 新加坡税收优惠政策

[EB/OL]. http://www.ccpit.org/Contents/Channel_ 4010/2015/1230/554016/content_ 554016. htm.

[138] 中华人民共和国驻文莱大使馆经济商务参赞处. 文莱投资环境 [EB/OL]. http://bn.mofcom.gov.cn/article/ddfg/tzzhch/200304/20030400082065. shtml.

[139] 中国驻马来西亚大使馆经济商务参赞处. 马来西亚 6 月 1 日起停收消消费税 [EB/OL]. http://my.mofcom.gov.cn/article/sqfb/201805/20180502744711. shtml.

[140] 中国驻马来西亚大使馆经济商务参赞处: 马来西亚投资政策 [EB/OL]. http://my.mofcom.gov.cn/article/ddfg/tzzhch/201303/20130300062938. shtml.

[141] 泰国投资促进委员会 (BOI). 投资促进政策 [EB/OL]. http://images.mofcom.gov.cn/th/201804/20180404131659350. pdf.

[142] 中国驻越南大使馆经济商务参赞处. 越南将下调企业所得税 [EB/OL]. http://vn.mofcom.gov.cn/article/ddfg/sshzhd/201305/20130500138810. shtml.

[143] 人民网. 联合国发布《2017 年世界投资报告》: 中国成为全球第二大投资国 [EB/OL]. http://world.people.com.cn/n1/2017/0608/c1002 -29326525. html.

[144] 中华人民共和国商务部. 中国对外投资合作发展报告 (2017) [EB/OL]. http://fec.mofcom.gov.cn/article/tzhzcj/tzhz/upload/zgdwtzhzfzbg2017. pdf.

[145] 国务院新闻办公室.《中国的对外援助》白皮书 [EB/OL]. 2011 - 04 -21, http://www.scio.gov.cn/zxbd/nd/2011/Document/896471/896471. htm.

[146] 国务院新闻办公室.《中国的对外援助 (2014)》白皮书 [EB/OL]. 2014 -07 -10, http://www.scio.gov.cn/zfbps/ndhf/2014/document/1375013/1375013. htm.

[147] 中国新闻网. 中国—东盟投资合作基金投资额已达 7 亿美元

[EB/OL]. 2013 年 10 月 21 日, http://news.sohu.com/20131021/n388612430.shtml.

[148] 中国驻柬埔寨大使馆经济商务参赞处. 柬埔寨对外国投资的优惠政策 [EB/OL]. http://cb.mofcom.gov.cn/article/ddfg/201404/20140400559830.shtml.

[149] The ASEAN Secretariat. ASEAN Statistical Yearbook 2005: 36, https://www.aseanstats.org/wp-content/uploads/2017/03/A.

[150] WTO. World Tariff Profiles 2017. https://www.wto.org/english/res_e/publications_e/world_tariff_profiles17_e.htm.

[151] United Nations. World Invest Report 2018——Investment and New Industrial Polices. New York and Geneva, 2018.

后　记

我静坐在书斋一隅，在努力地回忆着窗外这棵不知名的高大乔木的成长足迹：似乎昨天才见苗圃的师傅在院子里栽下，而今天已经比旁边这栋七层的楼房还要高了。犹记得，那最后一片不愿凋零的阔叶与第一抹的新绿相映成趣，将寒冬中的萧瑟与眼前的枝繁叶茂书写成了生命和岁月的最好诠释。

走过不惑，站在知天命的起点，似乎早已没有了波澜壮阔的心境，盛夏酷暑中只有一份淡然和恬静充斥于胸，坐看云起静听花开或许是对这个年岁最好的诠释。恍惚中，那个从乡间走出来的懵懂少年，那些辗转求学十八载的青春岁月，和着在三尺讲台辛勤耕耘了将近三十年的美好时光……时而模糊时而清晰的身影在书山文海中不断地变幻着，没有光芒万丈，但从来没有停止过探索停止过前行，平凡而执着地从事着为人师者的职业。

从《东盟十国税收制度》开始，我们已经初步完成了东南亚国家财税制度研究的“三部曲”：《东盟十国税收制度》一书分国别对东盟国家的税收制度进行了较为全面的介绍；2010 年完成的云南省教育厅重点项目《中国与东盟各国税收制度比较》属于比较研究视角的第二部曲（遗憾的是，该成果一直没有正式出版）；我个人的博士论文《中国—东盟自由贸易区财政制度协调研究》和目前的国家社科基金成果《中国与东盟国家财政政策协调研究》则是协调研究层面的第三部曲，将现代国家财政治理体系和治理能力的研究延伸到了国际财政发展领域。毋庸置疑，“三部曲”契合了改革开放和新时代大国财政发展的必然路径和方向，契合了“一带一路”、南亚东南亚辐射中心和中国（云南）自由贸易试验区建设的基本要求和内容，也是加快构建以国内大循环为主体、国内国际双循环相互促进的新发展格局实现财政高质量可持续发展的时代呼唤与选择。

而实现教学相长和教研相长，是支撑我们开展“三部曲”研究的又一重要基石。秉承“四个自信”的理念，在《国际财政》《国际税收》《西方财政理论》《外国税制》等专业课程教学中，我们的研究成果直接间接地走进了课堂走上了讲台，成为学科专业和课程建设中一道靓丽的风景，成为我们一生耕耘一生奋斗的一种演绎和缩影。我们追寻着学术研究的科学意义，在服务社会服务地方经济高质量发展中努力地行走着。唯如此，学术研究的弦歌方能不辍，立德树人的步履将永远铿锵。

衷心感谢在本课题研究中给予了大量建设性意见和全面支持的各位领导、专家及匿名评阅人，你们的不吝赐教是本课题能够顺利推进的重要保证！衷心感谢中国财政经济出版社张晓彪主任和马真编辑的辛勤付出，你们的敬业和专业精神是本书能够付梓的关键！

不负韶华，不负时代！

为伊憔悴，我们不悔！

赵仁平

2021 年 6 月于云南财经大学秋园